Das schlechte Gewissen – Quälgeist oder Ressource?

Das schlechte Gewissen – Quälgeist oder Ressource?

Maja Storch, Gerhard Roth

Maja Storch / Gerhard Roth

Das schlechte Gewissen – Quälgeist oder Ressource?

Neurobiologische Grundlagen und praktische Abhilfe

Dr. Maja Storch
Institut für Selbstmanagement und
Motivation Zürich ISMZ
Spin-off der Universität Zürich
Scheuchzerstraße 21
8006 Zürich
Schweiz
maja.storch@ismz.ch

Prof. Dr. Dr. Gerhard Roth
Roth-Institut
Am Weser-Terminal 10
28217 Bremen
Deutschland
groth@uni-bremen.de

Bibliografische Information der Deutschen Nationalbibliothek
Die Deutsche Nationalbibliothek verzeichnet diese Publikation in der Deutschen Nationalbibliografie; detaillierte bibliografische Daten sind im Internet über http://www.dnb.de abrufbar.

Anregungen und Zuschriften bitte an:
Hogrefe AG
Lektorat Psychologie
Länggass-Strasse 76
3012 Bern
Schweiz
Tel: +41 31 300 45 00
info@hogrefe.ch
www.hogrefe.ch

Lektorat: Dr. Susanne Lauri
Bearbeitung: Dr. Maria Schorpp, Konstanz
Herstellung: René Tschirren
Umschlag, Gesamtgestaltung, Satz, Illustrationen: Claude Borer, Riehen
Druck und buchbinderische Verarbeitung: Finidr s.r.o., Český Těšín
Printed in Czech Republic

1. Nachdruck 2023 der 1. Auflage 2021

(E-Book-ISBN_PDF 978-3-456-96134-7)
(E-Book-ISBN_EPUB 978-3-456-76134-3)
ISBN 978-3-456-86134-0
https://doi.org/10.1024/86134-000

Inhalt

Einleitung

Wann hatten Sie zuletzt ein schlechtes Gewissen? Vor einer Woche? Gestern? Heute? Oder gerade jetzt, weil sie dieses Buch lesen, statt etwas Dringenderes zu tun?

Wie oft haben Sie ein schlechtes Gewissen? Einmal im Monat, einmal in der Woche, mehrmals am Tag oder eigentlich dauernd? „Eigentlich habe ich kein schlechtes Gewissen, sondern ich bin ein schlechtes Gewissen und zwar ein wandelndes", erklärt Mechthild, eine Mutter von zwei lebhaften Buben, sieben und fünf Jahre alt, Ehefrau, Hausbesitzerin und Hundefrauchen, die in Teilzeit als Sozialpädagogin arbeitet.

Können Sie Ihr schlechtes Gewissen abstellen, wenn es Ihr Wohlbefinden zu sehr beeinträchtigt? Lautet die Antwort „Ja", dann brauchen Sie eigentlich nicht weiter zu lesen und können dieses Buch einer bedürftigen Person schenken. Lautet die Antwort „Nein" oder „Manchmal", dann können Sie von diesem Buch profitieren.

Falls Sie unter schlechtem Gewissen leiden, wie fühlt sich Ihr schlechtes Gewissen an? Ist es eher im Kopf angesiedelt, als eine Art innere Stimme, oder macht es sich eher in der Magengrube als mulmiges Gefühl breit? Meldet es sich kurz und knackig wie eine Push-Nachricht vom Handy, oder nistet es sich längerfristig als Stimmungslage in Ihrer Psyche ein?

Und eine letzte Frage: Haben Sie öfter Streit mit Ihrem Partner oder Ihrer Partnerin, weil diese Person ein völlig gewissensbefreites Leben hat? Wie sieht's aus mit anderen Familienmitgliedern? „Chill' mal die Basis, Dad", sagt Merlin, der Sohn eines Freundes zu seinem Vater, wenn der sich aufregt, weil das Jugendzimmer schon wieder riecht wie ein Iltisbau (kommt von den ungelüfteten Sneakers, die ohne Socken getragen werden, auch im Hochsommer). „Ich *bin* gechillt!", schreit mein Freund dann mit rotem Kopf und hat sofort ein schlechtes Gewissen, weil er ausgerastet ist und sich nicht pädagogisch korrekt verhalten hat.

Hier wird deutlich: Das schlechte Gewissen hat viele Facetten und kann äußerst lästig werden. Viele Menschen haben das Gefühl, dass ihr schlechtes Gewissen ein Eigenleben führt und ihnen den Alltag vergällt. Wenn es Ihnen auch so geht, sind Sie richtig in diesem Buch, und wir heißen Sie herzlich willkommen. Wir werden versuchen, Ihnen dabei zu helfen, die neurobiologischen Vorgänge dieser komplexen inneren Instanz zu verstehen. Anhand von Fallbeispielen werden wir Ihnen konkrete Alltagshilfen an die Hand geben, damit Ihr Leben mehr Qualität bekommt und Sie ihren Alltag mit deutlich weniger schlechtem Gewissen zubringen können. Entweder weil es gar nicht mehr so stark wird oder weil Sie Strategien kennen, um den Störenfried abzustellen.

Dieses Versprechen führt zu einer wichtigen Überlegung: Wie viel schlechtes Gewissen braucht der Mensch? Was machen wir denn mit diesem Biest, das uns belästigt wie eine Stechmücke an einem lauen Sommerabend? Dabei würden wir den gern geruhsam am Seeufer verbringen, was uns jedoch gerade wegen dieser Belästigungen nicht gelingt.

Was ist unser Ziel? Soll das schlechte Gewissen einfach komplett verschwinden? Wir meinen: Nein! Das schlechte Gewissen erfüllt nämlich zwei wichtige Funktionen: Erstens sorgt es durch rechtzeitige Alarmsignale für das Überleben des Organismus. Solche Art Weckrufe haben wir mit Tieren gemeinsam. Zweitens regelt das schlechte Gewissen das Zusammenleben der Sippe und hat darum die Aufgabe, ein soziales Miteinander zur sichern. Mit schlechtem Gewissen sind Werte und Normen verbunden. Durch diese Instanz wird unsere menschliche Kultur tradiert.

Ein so wichtiges System darf man nicht einfach unbesehen im Sinne einer oberflächlichen Zuckerguss-Psychologie der positiven Emotionen auf null runterfahren. „Lass es dir doch gutgehen“, „Sieh es einfach positiv“, „Du musst deine Ressourcen mobilisieren“ – solche Aufforderungen greifen viel zu kurz, wenn sie einseitig nur die positiven Stimmungen als erstrebenswert betrachten. Das schlechte Gewissen brauchen wir, auch wenn es manchmal gar nicht angenehm ist. Was wir jedoch strategisch gut planen können, ist das Ausmaß, in dem wir schlechtes Gewissen erleben möchten, und die Zeitspanne, die es andauern soll.

Im Prinzip ähnelt das Vorgehen sehr dem, einen Wecker zu stellen. Sie können bestimmen, wann er sich meldet, mit welchem Signal, wie laut das Signal sein soll, und sie können den Weckruf entweder abstellen oder auf „immer wieder ertönen" einstellen, bis er seine Funktion erfüllt hat. An diesen Fähigkeiten zur Steuerung des schlechten Gewissens können Sie selbst arbeiten. Selbst wenn Sie nicht alles so hundertprozentig in den Griff kriegen wie einen Wecker, können Sie sich doch über weite Strecken das Leben deutlich erleichtern. Darum lautet unsere Devise: Das schlechte Gewissen darf bleiben, aber es muss gebändigt werden. Man sollte nicht darunter leiden müssen; stattdessen sollte das schlechte Gewissen im Dienst des Menschen stehen, dem es gehört. Es sollte sozusagen eine Wandlung durchmachen von der lästigen, blutsaugenden Stechmücke zum wertvollen Mitbewohner, dem man ab und zu auf die Finger klopfen muss, damit er innerhalb seiner Grenzen bleibt.

Sind Sie neugierig geworden? Dann lassen Sie uns die Ärmel hochkrempeln und loslegen!

Zürich und Bremen, Herbst 2021

Maja Storch und Gerhard Roth

Hinweise zum Gebrauch dieses Buches

Unser Anliegen in vorliegendem Buch ist, die Neurobiologie hinter dem schlechten Gewissen und ganz konkrete praktische Anwendungen miteinander zu verbinden. Aus diesem Grund haben wir uns für folgenden Ablauf entschieden: Zunächst werden von Maja Storch praxisnah und aus dem Leben gegriffen drei Menschen vorgestellt, die aus den verschiedensten Gründen mit schlechtem Gewissen zu kämpfen haben. Nach dieser Sensibilisierung für das Thema folgt das Kapitel von Gerhard Roth mit Beispielen aus Philosophie und Geschichte – und den neurobiologischen Grundlagen des Phänomens schlechtes Gewissen.

Im Anschluss an diese Grundlagen erläutert Maja Storch in einem praktischen Methodenteil, wie es sich mit schlechtem Gewissen umgehen lässt. Die Lesenden begegnen hier wieder den Menschen, die sie vom ersten Kapitel kennen, und können nun mit vertieftem Verständnis nachvollziehen, auf welche theoretische Grundlage sich die konkreten Praxishilfen beziehen.

Noch eine Anmerkung zur Literatur: Im Kapitel von Gerhard Roth finden sich zahlreiche Literaturverweise auf wissenschaftliche Studien. Maja Storch hat in ihren Praxisteilen der Lesbarkeit wegen auf Literaturhinweise verzichtet. Sie hat am Ende des Buches eine kleine kommentierte Literaturliste mit Tipps für die Menschen eingefügt, die sich vertiefend mit der Thematik befassen wollen.

Schlechtes Gewissen wohin man schaut …

Maja Storch

„Heute schon SG gehabt?“, schreibe ich meiner Freundin um 7.53 Uhr. Ich habe mit einigen hilfsbereiten Menschen aus meinem sozialen Netzwerk vereinbart, dass ich sie mehrfach am Tag anschreiben darf, ob sie gerade ein schlechtes Gewissen zu verzeichnen haben oder vor kurzer Zeit eines hatten. Dieses Monitoring dient meiner Sammlung von Fallbeispielen für die Alltags-SG-Momente. Ach so! Was ist eigentlich mit SG gemeint? „Schlechtes Gewissen“ ist damit gemeint. Wenn man sich so viel mit der Thematik befasst, wie ich in der letzten Zeit, dann schleicht sich über kurz oder lang eine Abkürzung ein. Ein Freund hat mir nach drei Tagen Tagebuchführen eine Nachricht aufs Handy geschickt:

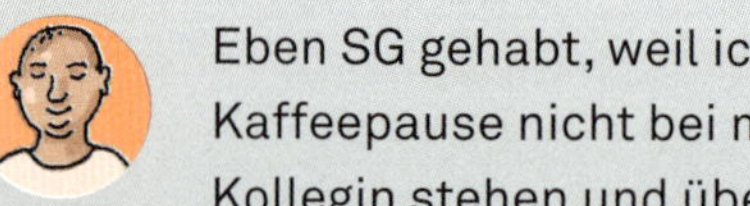

> Eben SG gehabt, weil ich in der Kaffeepause nicht bei meiner Kollegin stehen und über die Schulschwierigkeiten ihres Sohnes sprechen wollte, sondern mich auf meine Runde um das Gebäude begeben habe, weil ich ja meine Schritte zähle, wegen der Fitness.

SG ist prima als Abkürzung, finde ich. Kurz und knackig, und es hilft dabei, das Auftauchen und Verschwinden dieses Phänomens kurz und bündig zu bezeichnen. Durch die Abkürzung SG wird das schlechte Gewissen aus einer allgemein diffusen, miesen Grundstimmung herausgelöst und als Ursache für negative Gefühlslagen klar identifiziert.

Ich frage also meine Freundin um 7.53 Uhr.

Noch zu früh, aber kommt noch. Gebe Bescheid. Aber ein Hintergrundrauschen davon ist immer da. Wenn ich nachts aufwache, und mir fällt nichts ein, weswegen ich ein schlechtes Gewissen haben könnte, suche ich etwas. Und es fällt mir immer etwas ein.

Ist das nicht ungeheuerlich? Ein Hintergrundrauschen, scheinbar ohne aktuellen Anlass, das sich geeignete Alltagssituationen kapert, die einem dann Kopfzerbrechen bereiten? Ich frage Gerhard Roth, der prompt antwortet:

Liebe Maja
Dieses „Hintergrundrauschen“ ist der Niederschlag einer Grundkonditionierung unseres Stressverarbeitungssystem auf: „Eigentlich gibt es immer etwas zu erledigen, auch wenn es gerade nicht vorrangig zu sein scheint.“ Das spielt sich überwiegend unbewusst oder auf der intuitiven Ebene des insulären Cortex ab. In einer Steigerung meldet es sich in Form der ständigen Beunruhigung „Eigentlich darf ich jetzt gar

nicht entspannt sein, denn es gibt ja so viel zu tun!“ Man begibt sich dann wieder an irgendeine (!) Arbeit, um sich zu beruhigen. Es ist wie beim vorübergehenden Drogenentzug, darum kann man dieses Phänomen unter den Begriff Worcoholic fassen. Dass beides sehr viel miteinander zu tun hat, zeigt sich ja darin, dass jemand mit diesem Gewissens-Typ in der Regel gerne ein Gläschen zu sich nimmt, denn Alkohol beruhigt die „Beunruhigungsneuronen“ über hemmende Interneurone. Orgelspielen als Gegenstrategie ist aber auf Dauer besser für die Leber!
Beste Grüße, Gerhard

Mit dem Phänomen des schlechten Gewissens habe ich mich beruflich auseinandergesetzt, als ich damit begann, Workshops zum Thema „Mañana-Kompetenz“ zu halten. Diese Kompetenz benennt die Fähigkeit, nichts zu tun und abzuschalten, um den Akku wieder aufzuladen. Mañana-Kompetenz ist – so die These – eine wichtige Fähigkeit für die Burnout-Prävention. Zusammen mit einem befreundeten Kollegen, dem Allgemeinarzt Gunter Frank, hatte ich dazu ein Buch geschrieben und Vorträge zu der Thematik gehalten. Nach jedem Vortrag gab es Gelegenheit, mir Fragen zu stellen, wie das so bei Vorträgen üblich ist. Bei diesen Runden fiel mir noch nichts Besonderes auf, die Fragen bezogen sich auf die üblichen Verständnis- und Vertiefungsthemen.

Seltsam wurde die Angelegenheit bei den Workshops zum Thema im Anschluss an den Vortrag. Und noch seltsamer gestaltete sich die Situation bei sogenannten Booster-Workshops. Unter Booster-Workshop versteht man einen Workshop nach einer Zeit von vier bis zwölf

Wochen, in dem überprüft wird, wie die Vorsätze, die man sich selbst gegeben hat, auch umgesetzt werden. In einem Booster-Workshop erfolgt gewissermaßen eine Auswertung des Basis-Workshops. Außerdem wird bei der Gelegenheit Coaching für die Situationen angeboten, in denen die Umsetzung der Absichten noch nicht geklappt hat.

In diesen Booster-Workshops trat ein Phänomen auf, das ich in dieser Form als Einzelproblem noch nie so wahrgenommen hatte. Die allermeisten Personen beklagten sich darüber, dass es ihnen nicht richtig gelänge, einfach abzuschalten und nichts zu tun, weil sie beim Nichtstun ein schlechtes Gewissen hätten. Alle Anwesenden hatten die sachlichen Argumente, die für Abschalten und Nichtstun sprachen, sehr wohl begriffen. Sie hatten gegen meine Überlegungen nichts einzuwenden, im Gegenteil, sie fanden die Ideen aussichtsreich und wollten sich voller Eifer in die Arbeit an ihrer persönlichen Burnout-Prävention stürzen.

Aber es klappte nicht. Weil sie ein schlechtes Gewissen hatten, sobald sie mit dem Abschalten begannen. Es gelang nicht, in der Mittagspause ein Power Nap von 20 Minuten einzuschieben. Es gelang nicht, eine Tasse Tee zu trinken und dabei fünf Minuten aus dem Fenster ins Grüne zu schauen. Es gelang nicht, sich für eine halbe Stunde daheim in die Badewanne zu legen und der Familie mitzuteilen, dass man für dreißig Minuten nicht erreichbar sei.

Um mich deutlich auszudrücken: Vom Handlungsvollzug her gelang es natürlich schon. Der Teetrinker stand am Fenster, schaute ins Grüne und trank seinen Tee. Die Familienfrau richtete sich eine Badewanne mit duftendem Rosen-Entspannungsbalsam. Die Power-Nap-Chefin legte in der Tat über Mittag die Beine hoch und versuchte zu entspannen. Äußerlich betrachtet war die Umsetzung der Vorsätze durchaus vollzogen und damit gelungen. Diese Handlungen hatten jedoch alle miteinander einen großen Haken: Sie waren von einem schlechten Gewissen begleitet. Psychologisch ausgedrückt entstand durch die Umsetzung der Absicht innerpsychischer Stress. Die Vorsätze dienten also keineswegs der Entspannung, sondern sie erreichten das Gegenteil: Noch mehr Stress als sowieso schon.

Da war guter Rat teuer. Um ehrlich zu sein, war ich damals ziemlich ratlos, wie ich meinen Teilnehmenden helfen konnte. Und als ich damit begann, das schlechte Gewissen bei mir selber zu beobachten und mit befreundeten Menschen, die in Selbstbeobachtung geübt sind, darüber zu sprechen, stellte sich schnell heraus, dass man es hier mit einer extrem hartnäckigen psychischen Verfassung zu tun hat. Viele Menschen – mich eingeschlossen – sind schon so daran gewöhnt, mit schlechtem Gewissen zu leben, dass sie es oft gar nicht mehr bemerken. Sie kennen ein SG-freies Leben gar nicht mehr und glauben, die dauernden Funksignale dieses Störsenders seien normal. Dem ist aber nicht so!

Nach einigen Jahren der Beobachtung war mir klar geworden, dass mit dem Begriff „schlechtes Gewissen" einige ziemlich unterschiedliche Phänomene benannt werden, die unterschiedliche Herangehensweisen erforderlich machen. Und es stellte sich außerdem heraus, dass es sich bei SG-Vorkommnissen aus psychologischer Sicht um richtig komplizierte innere Vorgänge handelt, die keineswegs mit einem Tipp von der Art „Stehe vor den Spiegel und sage dir zehnmal: Ich nehme mich selber an, und alles wird gut!" in den Griff zu kriegen waren.

Ich hatte irgendwann den dringenden Wunsch, aus Sicht der Neurobiologie zu verstehen, welche Prozesse im menschlichen Gehirn für die Entstehung und Aktivierung des SG verantwortlich sind. Mit Gerhard Roth habe ich einen Neurobiologen gefunden, der neben seinen Kenntnissen als Hirnforscher auch ein wohlfundiertes Wissen über Psychologie und insbesondere über die Tätigkeit des Unbewussten mitbringt. Dank eines intensiven Austauschs kann ich nun einige praktische Möglichkeiten für den Umgang mit SG im Alltag aufzeigen.

Beginnen wir damit, dass wir zunächst einmal zwischen drei Optionen unterscheiden, die man im Umgang mit dem SG hat.

Erste Option: SG zum Schweigen bringen

Anhand eines Fallbeispiels will ich zunächst die erste Option erläutern. Gabriela, eine Gymnasiallehrerin, führt eine wirklich gute Ehe. Sie teilt mit ihrem Ehemann, ebenfalls Lehrer, das Interesse für Hausmusik, und so haben sie auch nach dreißig Ehejahren noch ein lebendiges und erfüllendes Miteinander, denn Musik wird ja nie langweilig. Sie haben einen gemeinsamen Sohn, der vermutlich Musik studieren wird. Der Sohn hat Musik im Blut, er wuchs ja im wahrsten Sinne des Wortes inmitten von Melodien auf. Also ein echter Prachtjunge, der auch schon Preise bei „Jugend musiziert" gewonnen hat. Einen kleinen, pfiffigen Hund aus dem Tierheim haben sie auch adoptiert, der ihnen viel Freude macht und immer zum Spielen aufgelegt ist.

Die Familie lebt in einer schönen großen Wohnung (braucht man auch, wenn man ein Klavier, ein Schlagzeug, ein Cello und diverse andere Instrumente unterbringen will). Sie kochen gern und gut miteinander und genießen ihre Zeit als Familie. Natürlich gibt es auch in dieser Familie die üblichen Querelen, die einem das Leben schwer machen, Finanzamt, Hämorrhoiden, verbeulte Stoßstange am Auto, unliebsame Kollegen, nervige Eltern und dergleichen mehr. Aber: Im Großen und Ganzen ist diese Familie glücklich zusammen, und alle fühlen sich wohl miteinander. Weil beide Eltern einen Job haben, in dem sie viel kommunizieren müssen, sind sie am Wochenende lieber unter sich, um die Akkus aufzuladen. Das Redebedürfnis ist dann erschöpft, und sie brauchen einfach ein routiniertes, eher wortkarges Miteinander, um für die nächste Woche wieder zu Kräften zu kommen.

Bisher konnten wir kein Problem entdecken, nicht wahr? Alles scheint in bester Ordnung. Was hat die Familie von Gabriela mit schlechtem Gewissen zu tun? Wenn ich Ihnen die Antwort gebe, werden einige von Ihnen sofort wissen, um was es geht. Die Antwort lautet: Gabriela hat eine Schwester.

Aha! Eine Schwester! Was hat es mit ihr auf sich? Die Schwester ist im Prinzip das genau Gegenteil von Gabriela. Sie ist schon seit Ewigkeiten Single, mit den Männern will es einfach nicht klappen, und sie hat es inzwischen aufgegeben, nach einem Partner zu suchen. Ihr Beruf beim Gesundheitsamt macht ihr keinen Spaß. Die Kollegen und die Chefin sind alle von Natur aus boshaft und heimtückisch. Haustiere machen nur Schmutz, und Nachbarn sind auch nur da, um einem mit ihren Laubbläsern auf die Nerven zu gehen. Die Schwester hatte noch nie in ihrem Leben eine richtige Freundin, sie ist in keinem Verein, und wenn man sie darauf anspricht, ein Ehrenamt anzunehmen, lautet die Antwort: „Soweit kommt's noch!" Kurzum: Die Schwester ist einsam. Soweit zur Schwester. Wo kommt Gabrielas schlechtes Gewissen also her? Vielleicht ahnen Sie es schon: Die Schwester erwartet, dass Gabriela, der es ja so gut geht, sich um sie kümmert.

Gabriela berichtet mir in einem kleinen SMS-Verkehr von einem andauernden SG, was ihre einsame Schwester betrifft:

Habe ein SG, wenn ich meine Schwester am Wochenende nicht einlade (sie ist völlig einsam, aber ich wünsche mir Erholung und Zeit für mich). Wenn ich die Tante im Heim ewig nicht besucht habe –> ist das Gleiche in Rosa. Das Tanten-SG taucht nur ab und zu auf, bei meiner Schwester aber, da ist es wie ein kalter Nebel dauernd da …

Aha, das Schwester-SG ist wie Tinnitus!

Genau!

Und, so will ich wissen, kann sie dem schlechten SG die Schwester betreffend irgendetwas Sinnvolles abgewinnen? Gabriela verneint energisch. Ihr sei dieser schwesterliche Tinnitus nur lästig. Sie gehe ja ohnehin immer wieder zu ihr und lade sie auch ein. Allerdings kann die Schwester Gabrielas Hund nicht leiden und der Hund sie offenbar auch nicht. Die Interaktion zwischen Schwester und Hund mündet in lautem Gebell seitens des Hundes und in gereizten Blicken seitens der Schwester.

„Nach so einem Besuch bin ich fix und fertig“, erklärt Gabriela. „Abgesehen davon, dass mein Sonntag kaputt ist, weil sie ein dreigängiges Menü erwartet. Da fahr ich schon lieber zu ihr hin und lade sie zum Essen ein. Zahlen muss selbstverständlich ich, denn mir geht es ja finanziell viel besser als ihr. Während des Essens darf ich mir stundenlanges Gejammer anhören. Und wenn ich abends heimkomme, bin ich so ausgelaugt, als hätte ich zwei Wochen ohne Pause durchgearbeitet. Montags geht’s natürlich wieder in die Schule.“

Sie habe nur ein einziges Ziel, so Gabriela: Kein SG zu bekommen, wenn sie auf diese Tortur verzichtet. „Es bringt überhaupt nichts, sich gesteigert mit meiner Schwester zu befassen. Sie ist chronisch unzufrieden mit sich und ihrem Leben, und von mir lässt sie sich nichts sagen. Also gilt die Devise: Alle sechs bis acht Wochen irgendeinen Pflichtbesuch über die Bühne bringen und ansonsten ohne SG das Leben genießen. Meinst du, das wäre machbar?“

Oh ja, da bin ich guten Mutes. Das Wissen über die Vorgänge in der Neurobiologie ist hier sehr hilfreich. Wir werden Gabriela im Praxisteil wieder treffen, wo ich im Detail beschreiben werde, wie man mit dem Selbstmanagement des Zürcher Ressourcen Modells an diesem SG-Typ arbeiten kann.

Zweite Option: SG mildern

Die zweite Option, bei der es darum geht, das SG nicht komplett zum Schweigen zu bringen, sondern einfach nur etwas abzumildern, habe ich selber am eigenen Leib erlebt und mich drei Tage aufs Schwerste damit herumgeschlagen. Mein Mann wollte schon ins Dachgeschoss ausziehen, weil ihn meine ständigen Tiraden wegen meines SG grausam genervt haben. Die Lösung für diesen SG-Typ bestand tatsächlich darin, dass mir nach vielen Stunden des Grübelns klar geworden ist, dass ich dieses SG nicht einfach ausrotten kann, sondern einen Weg finden muss, es so weit zu mildern, dass ich damit halbwegs angenehm leben kann. Ziel ist also in diesem Fall nicht das Verschwinden des SG, sondern eher eine Linderung der damit verbundenen psychischen Belastungen. Was war geschehen?

Mein schlechtes Gewissen, das mir letztendlich zu dieser Einsicht verholfen hat, die ich jetzt in einem Buch niederschreiben kann, hatte als Quelle die Corona-Situation an Weihnachten 2020. Ich bin in unserer Kirchengemeinde als Organistin tätig. Organisten sind Mangelware bei uns in der Gegend. Ich glaube, das ist nicht nur bei uns der Fall, sondern in zahlreichen Gegenden in Deutschland, der Schweiz und in Österreich. Woran liegt das? Immer weniger Nachwuchs wird von den Kirchengemeinden gezielt mit der Orgel vertraut gemacht. Was da oben auf der Empore geschieht, weiß niemand von der Gemeinde unten. Irgendwie kommen da halt Töne her, das ist man so gewohnt. Was für ein mechanisches Wunderwerk so eine Orgel darstellt, wie viele Orgelpfeifen so ein Instrument beherbergt und wie man diesem Pfeifenmeer Töne und Melodien entlockt, das ist weitgehend unbekannt. Hinzu kommt, dass Organistinnen für ihre Dienste zu Zeiten bereitstehen müssen, in denen andere Urlaub machen oder es an Feiertagen genießen, ausschlafen zu können. Die Ausbildung zur nebenamtlichen C-Organistin ist extrem anspruchsvoll und frisst vier Lebensjahre. Später wird das nicht viel anders, man muss ja üben, jeder Gottesdienst ist ein kleines Livekonzert. Man probt mit dem Kirchenchor und mit diversen Solisten, alles in der Freizeit. Die Bezahlung für den Dauereinsatz haut wahrhaftig niemanden vom Hocker, lediglich die Schweiz bildet hier eine löbliche Ausnahme. Kurz zusammengefasst: Orgelspielen ist viel Aufwand, die Belohnung dafür bezieht man aus der schönen Musik, die man macht, aus dem Dank und der Freude der Gemeinde und aus der Gewissheit, zum Erleben von Spiritualität beizutragen.

Ich bin eine von diesem Club. Orgeldienste trägt man frühzeitig in einen Plan ein, weil die Personen, die für die Organisation zuständig sind, wissen müssen, ob es bei jedem Gottesdienst auch Organisten gibt. Besonders in der Advents- und Weihnachtszeit sind alle ausgebucht, die Orgel spielen können, denn jetzt ist Dauereinsatz angesagt. Advent und Weihnachten sind – neben Ostern und Pfingsten – sozusagen Hauptsaison für das Orgelspiel. Wenn jetzt jemand ausfällt, gibt es keinen Ersatz, denn jeder, der eine Taste drücken kann, hat in dieser Zeit den Terminkalender randvoll.

Eigentlich ist das gar nicht weiter schlimm, man kennt das ja und stellt sich drauf ein. Doch dann kam Corona, erste Welle und zweite Welle. Jeden Abend erzählte ein sorgenvoller Herr vom Robert Koch-Institut von ständig steigenden Infektionszahlen. Die deutsche Politik reagierte angesichts der zweiten Welle im Herbst mit dem sogenannten Wellenbrecher-Lockdown, der jedoch nicht zum gewünschten Erfolg führte. Danach kam der große Lockdown. Die Frage war: Wie geht die Kirche mit den Gottesdiensten um? Gebetsmühlenartig appellierten Expertinnen und Experten der verschiedensten Wissenschaftsbereiche an die Vernunft der Menschen und machten klar, dass die einzige wirklich wirkungsvolle Maßnahme darin besteht, einfach keine Kontakte zu haben. Die Kirchen hatten mit ihren Gottesdiensten schon vor geraumer Zeit angemessen auf Corona reagiert. Jede Kirche musste ein Hygienekonzept erstellen, Ordnerdienste mussten eingeteilt und Plätze im Mindestabstand gekennzeichnet werden. Hände mussten beim Eintreten desinfiziert werden, während des Gottesdienstes war Gemeindegesang nicht erlaubt, Mundschutz für alle war Pflicht.

An den Hygienekonzepten während der Gottesdienste war wirklich nichts auszusetzen, die waren wasserdicht. Die Problemzone war auch nicht im Gottesdienst selbst zu finden, sondern in der Zeit danach. Während beim Eintreten alle noch rasch auf ihre vom Ordnungsdienst angezeigten Plätze eilten, war beim Verlassen der Kirche ein anderes Verhalten zu beobachten. Man stand dann halt doch beisammen, hie und da wurde auch die Maske abgezogen (Wir sind ja schließlich im Freien!), Mindestabstände wurden nicht mehr eingehalten. Das Bedürfnis, sich nicht nur geistig, sondern auch real nahe zu sein, ist völlig menschlich und verständlich, oft entsteht es auch unbewusst, einfach als ein Effekt von körperlichen Synchronisierungsprozessen. Trost spenden, sich als Teil einer Gruppe fühlen, Wiedersehensfreude ausdrücken – all dies sind durch und durch körperlich vollzogene Interaktionen. Bei einem Trauerfall sein Beileid auszudrücken, ohne die Hand zu greifen, ohne die Schultern zu berühren, das entspricht einfach nicht der menschlichen Natur. Kurzum: Die Zeit *nach* dem Gottesdienst war das Problem, hier konnte Corona sich austoben.

Als große Frage stand darum im Raum: Was macht man mit den Gottesdiensten in der Weihnachtszeit? Letztendlich ging es um zwei Möglichkeiten: Man könnte alle Präsenzgottesdienste in der Weihnachtszeit einfach nicht stattfinden lassen, um die Gemeinde gar nicht erst in „Versuchung zu führen". Etliche Kirchen haben das auch so gemacht und komplett auf digitale Weihnachten umgeschaltet, teilweise mit herrlich kreativen Lösungen. Der andere Standpunkt bestand darin, dass Kirche gerade in der Weihnachtszeit Präsenz zeigen muss und es ermöglichen muss, Gottesdienste zu besuchen. Denn in der Not für die Menschen da zu sein, genau das ist die Aufgabe von Kirche.

Von der Kirchenleitung aus wurde es den einzelnen Gemeinden überlassen, für sich selbst einen gangbaren Weg zu suchen. Diese Entscheidung war in meinen Augen angemessen, denn die Strukturen der einzelnen Kirchgemeinden unterscheiden sich gewaltig, so dass eine zentrale Anweisung „von oben" dieser Vielfalt nicht gerecht geworden wäre. Die Schwierigkeit für uns war, dass wir jetzt einen eigenen

Standpunkt definieren mussten. Entsprechend kam bald eine E-Mail mit der Aufforderung, für eine Option zu votieren. Da ich persönlich das Verhalten der Gemeindemitglieder nach der Kirche seit vielen Wochen im Blick hatte – weil Organistinnen nun mal oft in der Kirche sind – votierte ich dafür, Präsenzgottesdienste ausfallen zu lassen und auf andere Kommunikationskanäle zu setzen.

Ich votierte für diese Option nicht nur aus Gründen der allgemeinen Vernunft, sondern auch zum Selbstschutz. Mir war einfach schrecklich unwohl bei dem Gedanken, mehr Kontakte als unbedingt nötig zu haben. Ich war sämtlichen Familienfeiern und Geburtstagen ferngeblieben, und ich hatte keine Restaurants besucht. Mir erscheint nach wie vor die Regel, einfach keine Kontakte zu haben, als sehr plausibel. An Weihnachten kommen bei uns viele Menschen in die Kirche, und es würde im Fall eines Präsenzgottesdienstes garantiert ein Herdengefühl entstehen, das sehr virenträchtig werden würde.

Die Mehrheit unserer Stimmberechtigten entschied sich jedoch für die Option, Präsenzgottesdienste durchzuführen und als Kirche für die Menschen da zu sein. Ich konnte mit dieser Entscheidung gut leben, weil sie auch in meinen Augen eine völlig stimmige Möglichkeit darstellte und ich alle Argumente *für* Präsenzgottesdienste höchst plausibel fand.

Mein Problem bestand darin, dass ich selber als Individuum die Kontaktvermeidung sehr ernst nahm. Die Vorstellung, sich für die Weihnachtsmessen mit Bläserensembles treffen zu müssen, bereitete mir Sorgen. Auch das soziale Kuscheln, das normalerweise an Weihnachtsmessen üblich ist, war in Zeiten der Pandemie nicht mein Fall. Was also sollte ich tun?

„Sag doch deinen Orgeldienst einfach ab“, rieten mir einige Freundinnen und Freunde. „Man kann niemanden zwingen, in diesen Zeiten sich ohne Not Risiken auszusetzen.“

„Aber ich kann die Gemeinde jetzt nicht einfach hängen lassen“, lautete meine Erwiderung. Mir war völlig klar, dass die Gemeinde ohne Orgelspiel feiern müsste, wenn ich jetzt so kurz vor dem Fest einen Rückzieher machen würde. Ersatz war auf keinen Fall zu finden.

Ich war hin und her gerissen. Hätte ich abgesagt, hätte sich mein schlechtes Gewissen auf Eiffelturmhöhe aufgebaut – mindestens.

„Wer schreibt denn gerade ein Buch über schlechtes Gewissen?", machte sich mein Mann über mich lustig. „Wende doch deine eigenen Verfahren einfach auf dich selber an!"

Ha. Ha. Ha. Das war leichter gesagt als getan. Ich konnte mir keinen Weg vorstellen, mein SG loszuwerden, egal mit welcher Selbstmanagement-Methode. Weihnachten rückte näher und näher, und damit mein Entscheidungsdruck stärker und stärker. Nachts schlief ich schlecht. Mein Mann konnte mein Gejammer über die Präsenzgottesdienste nicht mehr hören, der Ehefrieden war gefährdet. Es musste etwas geschehen und zwar bald. Ich suchte den Austausch mit einer kenntnisreichen Kollegin, Franzi, die gerade an einem Buch über die Motivationspsychologie von Professor Julius Kuhl, einem fabelhaften Persönlichkeitspsychologen, sitzt.

Warum kann ich nicht einfach sagen, dass ich unter den Pandemie-Umständen nicht in der Kirche auftauchen will? An welchem Aspekt meines psychischen Geschehens muss ich arbeiten?

„Vielleicht hast du ein stark ausgeprägtes Machtmotiv und möchtest nicht die Kontrolle abgeben...", sinnierte Franzi. „Das glaube ich nicht", war meine Antwort nach eingehender Prüfung meines Innenlebens. Wenn jetzt jemand des Weges spaziert wäre, der Orgel spielen könnte und noch Kapazitäten über Weihnachten frei hätte, ich hätte mit Handkuss meine Orgeldienste abgegeben.

„Ein stark ausgeprägtes Beziehungsmotiv?", war Franzis nächster Vorschlag. „Das schon eher", antworte ich. Mir liegen die Mitglieder unserer Gemeinde sehr am Herzen, ich weiß, wie sehr sie es alle mögen, wenn die Orgel spielt, insbesondere an festlichen Tagen. Es würde mir unendlich schwerfallen, sie einfach im Regen stehen zu lassen. Weihnachten unter Corona-Bedingungen ist sowieso nur noch ein Rudiment, und wenn die vertraute Orgel nicht spielen würde, wäre das ein schwerer Schlag.

Also das Beziehungsmotiv, vermutlich auch mit einer gehörigen Portion Leistungsmotiv gekoppelt, einem großen Pflichtbewusstsein also. Das ist Super-Kraftstoff für das schlechte Gewissen, Turbo-Nahrung gewissermaßen. Die nächsten vierundzwanzig Stunden verbrachten wir damit, nach guten Argumenten zu suchen, wie ich mich aus dem Orgeldienst zurückziehen könnte. Ohne Erfolg. Keines der Argumente vermochte, das SG zu beruhigen.

Da wurde mir klar: Was ich hatte, war ein Motivkonflikt. Gerhard Roth wird in seinem Kapitel über den Zusammenhang von Motivkonflikt und schlechtem Gewissen ausführlich die neurobiologische Sicht darauf beschreiben. Für meinen Motivkonflikt stellte die Variante, das SG zum Verschwinden zu bringen, keine Lösung dar. Stattdessen musste ich eine andere Methode verwenden, um aus meiner grässlichen Situation herauszufinden und wieder frohgemut schlafen zu können: Ich musste das schlechte Gewissen lindern. Diese Absicht erfordert grundsätzlich andere Maßnahmen als die Absicht, das SG zum Schweigen zu bringen. Im Praxisteil weiter hinten im Buch werde ich darstellen, was ich unternommen habe. Soviel vorneweg: Ich habe Orgel gespielt über Weihnachten, und es hat mir viel Freude gemacht.

Dritte Option: SG aufgreifen und als Leitlinie für eine Richtungsänderung erkennen

Zu guter Letzt möchte ich die dritte Option vorstellen, wie man mit einem SG verfahren kann. Ein schlechtes Gewissen muss nämlich gar nicht immer einfach nur als lästige Stechmücke angesehen werden. Womöglich enthält die unangenehme Affektlage, die ein SG mit sich bringt, eine wichtige Information dazu, dass etwas wirklich richtig falsch läuft. Man kann das schlechte Gewissen in einem solchen Fall als echten, begründeten Alarm einstufen. Was macht man, wenn man einen solchen Alarm zur Kenntnis nehmen muss? Im Idealfall verhält man sich so, wie es die Weckfunktion des Alarms nahelegt. Wie reagiert man, wenn im Haus ein Rauchmelder losgeht? Man läuft durchs Haus und schaut, was den Rauchmelder aktiviert haben könnte. Oh weh! Der strohtrockene Adventskranz brennt, zum Glück steht er auf einem Teller, und zum Glück können wir ihn noch rechtzeitig löschen, bevor der Vorhang Feuer gefangen hat (ist einer Freundin von mir echt genauso passiert!).

Ich weiß noch wie heute, als ich mit meinem Mann und dem neuen Volvo vor dem Hotel im Italienurlaub in Genua übernachtet habe. Mein Mann war voller Sorge wegen des neuen Autos und erzählte mir Schauergeschichten, dass in Genua deshalb so viele Autos geklaut werden, weil sie wegen des Hafens sofort verschifft werden können. Zudem plagte ihn sein Gewissen, denn das Auto war von einem sehr großzügigen Freund geliehen, weil unseres kurz vor der Abreise den Geist aufgegeben hatte. Mein Mann schlief sehr unruhig in dieser Nacht in Genua, und als auf einmal eine Alarmanlage von einem Auto zu hören war, stürzte er sich mit Überschallgeschwindigkeit ans Fenster, um zu schauen, ob sich Diebesbanden an dem in doppeltem Sinn kostbaren Volvo zu schaffen machten. Keine Diebe waren zu sehen, es war offenbar ein Fehlalarm. Nach ein paar Minuten Sirenengeheul kam ein Mann im Morgenmantel aus einem der umliegenden Häuser, stieß italienische Worte aus, von denen ich annehme, dass es kräftige Flüche waren, und stellte in seinem Auto die Alarmanlage wieder ab.

Was ich mit diesen Beispielen unterstreichen möchte, ist die Tatsache, dass das schlechte Gewissen eine Alarmfunktion haben kann, die man ernsthaft beachten sollte. In einem meiner Workshops erzählte ich von diesem Buchprojekt und bat die Anwesenden, mir von ihren Episoden zum Thema schlechtes Gewissen zu berichten. Die Geschichte von Josef passt bestens in die Thematik vom SG als ernst zu nehmender Alarmfunktion.

„Ich wog früher 110 Kilo, rauchte zwei Päckchen Zigaretten am Tag, dazu noch zwei bis fünf Zigarillos. Bier und Rotwein gab es täglich." Josef, ein 48jähriger Altenpfleger, beschönigte nichts von seiner Vergangenheit. „Das völlig Idiotische war ja, dass ich gewissermaßen ‚vom Fach' bin und ganz genau wusste, dass mein Lebensstil hoch riskant ist. Entsprechend oft hatte ich ein schlechtes Gewissen. Wenn ich die fünfte Tasse Kaffee trank, obwohl ich Kaffee reduzieren wollte: schlechtes Gewissen. Wenn ich in der Kantine die Currywurst mit Pommes aufs Tablett stellte statt eines Fitnesstellers: schlechtes Gewissen. Wenn ich in der Pause das Raucherhäuschen ansteuerte, anstatt eine Runde im Stadtpark zu gehen: schlechtes Gewissen. Im Privatleben ging das gerade so weiter: Wenn ich mich mit einem Bier und einem Rillo auf den Balkon setzte, anstatt mit meiner Familie Zeit zu verbringen: mehrfaches schlechtes Gewissen. Sich abends vom Hundegassi ausklinken zugunsten von Sofa, Musik und Rotwein: SG. Sonntagmorgens pennen bis Mittag statt Bewegung: SG. Frühstück mit Eiern und Bacon: SG. Jede einzelne Zigi: SG. Eigentlich war ich unter Dauerbeschuss, was das SG betrifft. Aber irgendwie habe ich es immer geschafft, mit dem SG zu leben. Vielleicht habe ich mich daran gewöhnt?"

Was Josef als schlechtes Gewissen zur Kenntnis nahm, war ja eigentlich eine völlig korrekte Mahnwache. Er hatte sich einfach einen Lebensstil angewöhnt, der aus gesundheitlicher Perspektive deutlich suboptimal ist. Als junger Mensch steckt man so etwas schon einmal ein paar Jahre weg. Aber wenn es auf die 50 zugeht, sollte man möglicherweise ein wenig über Verhaltensänderungen nachdenken. Josef gelang es, dies nicht zu tun. Bis zu der Nacht, in der er einen Herzinfarkt hatte. Um den Sinn des SG zu verstehen, ist es an dieser Stelle nicht nötig, die medizinischen Details zu erläutern. Wichtig ist nur die Tatsache, dass der Körper von Josef nicht mehr weiterkonnte. Der Daueralarm war in seinem Fall also angebracht gewesen.

Josef dachte, er müsse sterben, wurde als Notfall in die Klinik gebracht, bekam zwei Stents, verbrachte einige Tage auf der Intensivstation, lag dann ein paar Tage stationär und ging danach in die Reha.

„Und dann hatte ich ein Riesen-SG, weil ich jahrelang nicht auf mein SG gehört hatte. Ich habe jetzt mit Rauchen aufgehört und mir ein Pedometer angeschafft. Ich hoffe, das mit dem Rauchen kriege ich durchgezogen. Für mich war mein Herzinfarkt ein Warnschuss vor den Bug, den ich sehr ernst nehme. Ich möchte jetzt wirklich etwas an meinem Lebensstil ändern, bei mir ist der Groschen gefallen. Wenn ich bedenke, wie viel Energie ich aufgewendet habe, um über viele Jahre hinweg die Signale meines Gewissen zu ignorieren, dann ist das schon eine beachtliche Leistung."

Nimmt das schlechte Gewissen im Leben eines Menschen die Funktion ein, die es bei Josef hatte, ist man gut beraten, rechtzeitig darauf zu hören. Es ignorieren oder zum Verschwinden bringen wollen ist in diesem Fall keine geeignete Strategie.

„Aber wie kann ich den unterscheiden, ob ich jetzt ein SG habe, das einfach verschwinden muss, oder ob ich ein SG habe, auf das ich hören sollte?" Das ist die naheliegende Frage, die sich bei diesen Überlegungen einstellt. Ich habe drauf eine Antwort, die vielleicht etwas drastisch klingen mag, die aber bei den meisten Menschen richtig gut funktioniert. Meine Antwort besteht in einer Frage: „Wenn Sie sich vorstellen, Sie würden bald sterben, würden Sie es bedauern, diesen Hinweisen des SG nicht gefolgt zu sein?"

Im Fall von Josef kam seine Erwiderung sehr klar und schnell: „Ja, das würde ich sehr bedauern. Ich habe meinen Kindern viel zu wenig Zeit gewidmet, meine Frau habe ich durch die einsamen Balkon-Zigis um Kontakt beraubt. Letztendlich habe ich mich auch selbst beraubt, um Lebensqualität nämlich. Ich habe Schindluder mit meinem Körper getrieben. Das alles würde ich sehr bedauern angesichts des Todes."

Damit deutlich wird, um was es mir geht, möchte ich der Geschichte von Josef ein klassisches Gegenbeispiel gegenüberstellen. Es handelt sich wieder um Aufzeichnungen aus meinem SG-Monitoring von Freiwilligen, die damit einverstanden waren, dass ich sie ab und zu nach dem aktuellen SG fragte.

Zwei Tage vor Weihnachten stellte ich meine übliche Frage, weil Weihnachten oft eine fabelhafte Quelle für SG darstellt. Ich hoffte auf reiche Beute und erhielt ein herrliches Beispiel.

Das Beispiel stammt von Mechthild, der teilzeit-berufstätigen Mutter von zwei kleinen Jungs, Ehefrau, Hausbesitzerin und Hundefrauchen, die wir schon in der Einleitung kennengelernt haben. Mechthild schrieb:

Das Weihnachtsessen treibt mich in den Wahnsinn. Spezielles Raclette planen: Bekommt dann jeder genug vom speziellen Käse? Wie viel Gramm muss ich bestellen, damit es 8 Scheiben vom Trüffelkäse gibt, damit auch jeder was bekommt? Wie kommen mein Bruder Dorian und sein Partner Carlos wohl heim? Kann dann jemand von den beiden keinen Alk trinken?

Ich fand an Mechthilds Nachricht am interessantesten, dass sie ein SG wegen ihres Bruders und dessen Partner hatte, und fragte sie:

Wieso hast eigentlich DU ein SG wegen der Frage, wie dein Bruder und sein Partner heimkommen?

Keine Ahnung???? Weil ich schuld bin, weil sie mich besuchen? Wär ne mögliche Erklärung. Irrsinnig ist ja, dass ich sicher bin, dass sich weder mein Bruder noch sein Partner darüber Gedanken gemacht haben bis jetzt… der einzige Mensch, der deswegen literweise Stresshormon verbraucht, bin ICH.

Man sieht deutlich, dass Mechthild bereits während des kleinen SMS-Verkehrs schon selber darauf gekommen ist, dass ihr gesamtes SG wegen des Weihnachtessens im Prinzip als völlig absurd zu werten ist. Angesichts des nahenden Todes würde sie mit Sicherheit nicht bedauern, dass ein Gast eine Scheibe Trüffelraclette weniger bekommen hätte. Genauso wenig würde sie es bedauern, wenn irgendjemand diesen Abend bei null Promille geblieben wäre, um sicher nach Hause zu kommen. Man muss nicht zwölf Semester Psychologie studieren, um intuitiv den Unterschied zwischen dem SG von Josef und dem Weihnachts-SG von Mechthild zu erfassen. Falls Sie selber mit einem SG zu tun haben, bei dem Ihnen der Unterschied nicht auch sofort unmittelbar ins Auge springt, probieren Sie einmal die „Todesfrage" aus. Die Methode ist vielleicht ein wenig drastisch, aber sie hilft in der Regel ganz hervorragend.

Nach dieser Einführung in die drei verschiedenen SG-Typen, die in einem menschlichen Leben auftauchen können, ist es an der Zeit, sich vertieft mit der Frage zu befassen, was eigentlich im Gehirn passiert, wenn wir ein SG haben. Wie kommt so ein SG in unsere Psyche, und aus welchen Bausteinen setzt es sich eigentlich zusammen? Gerhard Roth hat dies im folgenden Kapitel aus der Sicht der Neurobiologie einleuchtend beschrieben.

Psychologie und Neurobiologie des schlechten Gewissens

Gerhard Roth

Ein schlechtes Gewissen ist ein Problem, das fast jeden von uns in vielfacher Weise plagt, und doch gibt es kaum wissenschaftlich seriöse Erörterungen und erst recht keine empirischen Untersuchungen darüber. Blickt man aber in der abendländischen Ideengeschichte zurück, so wird man gleich bei den griechischen und römischen Philosophen fündig. Sie nehmen alle an, dass jeder Mensch ein explizites oder intuitives Wissen darüber hat, was er zu tun und zu lassen hat, seien diese Anweisungen, Normen, Gebote usw. göttlichen Ursprungs wie die zehn Gebote der Bibel oder ein inneres Wissen um das gute Handeln, „Gewissen“ genannt. Das Handeln im Sinne der Vorschriften dieses Gewissens beruhigt, das Handeln gegen die Vorschriften erzeugt einen Schmerz bzw. eine Traurigkeit.

Berühmt ist das Bild von Immanuel Kant vom „Gerichtshof in sich selbst“, das der Philosoph in seiner „Metaphysik der Sitten“ beschreibt. Nach Kant (vgl. KANT, 1969) trägt jeder von Geburt an das „Sittengesetz“ in sich, das der Maxime folgt, man dürfe nur das tun, was man auch jedem anderen zubillige. Diesem inneren Sittengesetz folgen dann konkrete moralische Gesetze. Verstößt man gegen diese Gesetze, so verurteilt man sich sozusagen selbst – man empfindet ein schlechtes Gewissen. Interessanterweise löste Kant diese Instanz völlig von einer religiös-theologischen Begründung: Moralisches Handeln hat seinen Wert in sich. Es beruht nicht etwa auf dem Willen, Gott gefällig zu sein oder sich Vorteile für ein mögliches Leben nach dem Tode zu sichern. Jedoch lautet Kants Letztbegründung dieser Idee, dass ohne ein solches innere Sittengesetz ein gemeinschaftlich-gesellschaftliches Leben unmöglich sei. Es funktioniert nur dann, wenn Menschen sich gegenseitig in ihren Rechten und Pflichten anerkennen. Das Gewissen ist in diesem Sinne der „Sittenwächter“ in uns und straft uns mit Gewissensbissen und Traurigkeit, wenn wir gegen die guten Sitten verstoßen.

Die meisten Autoren der Vergangenheit sind sich darin einig, dass es zu den guten Sitten gehört, die Triebe und Leidenschaften zu zügeln, wozu unter anderem Jähzorn, Rachsucht, Verschwendungssucht, Völlerei, Habgier, Ruhmsucht und selbstverständlich sexuelles Begehren gehören. Deshalb sei es gut, dass ein schlechtes Gewissen all diejenigen plagt, die diesen Antrieben freien Lauf gelassen haben. Kunst- und kulturgeschichtlich ist dies von großer Bedeutung, denn viele Kathedralen, Kapellen und insbesondere Klöster wurden von Kaisern, Königen, Fürsten und reichen Bürgern meist gegen Ende ihres oft nicht sehr sittsamen Lebens gestiftet, weil sie das schlechte Gewissen plagte und sie sich fragten, was sie wohl erwartet, wenn das irdische Dasein zu Ende geht. Die Kirche hat dieses schlechte Gewissen nach Kräften für ihre Zwecke ausgenutzt, und viele Klöster wurden auf diese Weise ungeheuer reich. Die christliche Kirche und ihre Konfessionen waren wahre Meister im Erzeugen schlechten Gewissens. Sie begriffen, dass ein schlechtes Gewissen Menschen gefügig macht, und je zahlreicher und detaillierter man Gebote aufstellt, desto größer sind die Chancen, dass ein Mensch sich dem Willen der Kirche unterwirft. Das ständige Gefühl der Schuldhaftigkeit wurde im protestantischen Pietismus auf die Spitze getrieben. Ein anschauliches Beispiel dafür stellt die schöne Bach-Kantate BWV 55 dar: „Ich armer Mensch, ich Sündenknecht". Was auch immer man tut, man macht sich schuldig! Die Katholiken hatten immerhin noch die Chance, durch die Beichte ein vorübergehendes Gefühl der relativen Schuldlosigkeit zu erreichen. Aber zum Glück für die Kirche hielt dieser Zustand nicht lange an.

Die Praxis der Erzeugung von schlechtem Gewissen ging sogar so weit, dass nicht nur Taten, sondern auch Gedanken und Vorstellungen „sündig" sein konnten. Bei der katholischen Beichte musste man bekennen, ob man in *Gedanken*, *Worten* und *Taten* gesündigt hatte. Das war genau der Psychoterror, den manche Regierungen auf dieser Welt sich wünschen!

Aber nicht nur im kirchlichen, sondern auch im täglichen Leben gab und gibt es oft noch unzählige Normen und damit unzählige Gelegenheiten zum schlechten Gewissen. Dass die Normen oft völlig unsinnig waren und oft niemand wusste, warum sie galten außer der Begründung, dass man das immer schon so gemacht habe, wurde (und wird) billigend in Kauf genommen. In dem italienischen Dorf, in dem ich meinen zweiten Wohnsitz habe, galt es noch vor einigen Jahrzehnten als unsittlich, wenn sich Brautleute am Montag- und Donnerstagabend trafen (auch wenn das Treffen ganz „unschuldig" verlief), während am Dienstag, Freitag, Samstag und Sonntag die Sitte das zuließ. Leider habe ich die Begründung dafür nie erfahren, aber wenn die Brautleute sich doch am Montag- oder Donnerstagabend trafen, so hatten sie sehr wahrscheinlich ein schlechtes Gewissen.

Solche Zusammenhänge haben natürlich die Psychologie auf den Plan gerufen. Berühmt geworden ist die Lehre Sigmund Freuds vom Über-Ich als strengem Geber von Normen und Erzeuger schlechten Gewissens bei Zuwiderhandlung durch das Ich. Dargestellt ist das in dem berühmten Aufsatz „Das Ich und das Es“ von 1923 (Freud, 2000). Quelle des Über-Ich ist letztlich die Autorität des gleichzeitig gefürchteten und geliebten Vaters. Der Vater, der uns beschützt und für uns sorgt, stellt Normen auf und ahndet deren Verletzung. Ins tägliche Leben übersetzt hieß das „Warte nur, bis Papa nach Hause kommt!“ Diese Situation wird dann verinnerlicht durch das Vaterbild in uns. Die Kombination aus einer Normenverletzung und der Furcht vor einer Bestrafung ist es, die ein schlechtes Gewissen erzeugt.

Es handelt sich beim schlechten Gewissen immer um eine Diskrepanz zwischen einer Ist- und einer Soll-Situation, also von etwas, das ich getan bzw. nicht getan habe, während eine Instanz, die ich als Quelle von Forderungen, Normen und Verpflichtungen normalerweise anerkenne, das Gegenteil von mir fordert. Diese Instanz muss aber von mir als legitime Autorität angesehen werden. Als legitime Autorität eignet sich für ein schlechtes Gewissen vielerlei: Das können religiöse oder juristische Gebote bzw. Verbote sein, gesellschaftliche Normen und Gebräuche, Verpflichtungen, die ich eingegangen bin, Erwartungen, die ich geweckt habe, aber auch Ziele und Pflichten, die ich mir selbst gesetzt habe.

Das Missachten dieser Forderungen muss mit irgendeiner Art zu befürchtender Sanktion verbunden sein, um das schlechtes Gewissen auf den Plan zu rufen. Auch hier findet sich eine große Vielfalt an Möglichkeiten: sei dies eine religiöse, körperliche, juristische oder finanzielle Bestrafung, ein Tadel, gesellschaftliche Ausgrenzung oder Liebesentzug; aber auch das Gefühl, gegenüber eigenen Ansprüchen an sich selbst versagt zu haben, kann eine Quelle für schlechtes Gewissen sein. In letzterem Fall handelt es sich meist um die Verinnerlichung einer Erwartung anderer an uns, die über die Jahre zur Erwartung an sich selbst geworden ist.

Die Furcht vor Sanktionen äußerlicher oder innerlicher Art kann real, aber auch imaginär sein wie z. B. die Furcht vor ewiger Verdammnis. Auch ist keine Begründung für das Eintreten der zu erwartenden Sanktionen nötig, d. h. es genügt, dass eine von mir geachtete Instanz –

Eltern, Kirche, Staat, gesellschaftliche Gruppe – ein Gebot oder Verbot beliebiger Art aufstellt, damit die Missachtung dieser Vorgabe ein schlechtes Gewissen erzeugt. Allerdings kann es sein, dass man das schlechte Gewissen mildert, indem man sich klarmacht, dass die Gebote oder Verbote unsinnig bzw. überhaupt nicht gerechtfertigt sind. Aber auch in einem solchen Fall kann sich interessanterweise ein schlechtes Gewissen einstellen, z.B. bei religiösen Geboten und Verboten oder bei „Sitten", von denen man sich vom Verstand her schon längst losgesagt hat. Wenn die Gebote stark verinnerlicht sind, dann nützt ein Verstandesargument überhaupt nichts, um das schlechte Gewissen loszuwerden. Wir werden auf die Gründe für dieses Phänomen noch zu sprechen kommen, denn hierzu hat die Neurobiologie einiges an Erhellung beizusteuern.

Die Stärke des schlechten Gewissens hängt von zahlreichen Faktoren ab, z.B. von der Art der Handlung, die eine Übertretung der Gebote oder Verbote darstellt. Ein Faktor ist auch die Stärke der zu befürchtenden Sanktion und ihre Auftrittswahrscheinlichkeit. Man kann sich fragen: Wie groß ist die Chance, dass mein „Fehlverhalten" überhaupt bemerkt wird? Die Dauer der Verankerung von Geboten und Verboten (etwa „von Kindesbeinen an") und der Grad ihrer Verinnerlichung spielen ebenfalls eine Rolle. Nicht zuletzt modifiziert auch die Wahrnehmung des Verhaltens von anderen die Stärke des eigenen schlechten Gewissens. Halten sich tatsächlich alle an die Gebote bzw. Verbote, oder bin nur ich so ein braver Mensch?

Wie formt sich denn ein individuelles schlechtes Gewissen? Die Ausbildung von schlechtem Gewissen kann nach den Prinzipien der sogenannten operanten Konditionierung verlaufen: Wir lernen, dass ein bestimmtes Verhalten, für das ein Bedürfnis oder sonstiges Motiv vorliegt, missbilligt wird und eine Bestrafung äußerlicher oder innerlicher Art nach sich zieht. Dies setzt in der Regel ein Vermeidungsverhalten in Gang, das dann auftritt, wenn die Furcht vor Strafe die Bedürfnisbefriedigung überwiegt. In diesem Fall kann eine Belohnung eintreten (du hast dich wie erwartet verhalten – du bist ein guter Mensch!), und die Motivation für das „gute" Verhalten und gegen die Bedürfnisbefriedigung wird bestärkt. Diese Konditionierung lässt aber schnell nach, wenn die angedrohte oder befürchtete Strafe nicht regelmäßig folgt (aus welchen Gründen auch immer). Dann wird geprüft, wie zuverlässig die Bestrafung eintritt. Falls man feststellt, dass die Strafe nur ab und zu folgt, aber irgendwann verlässlich eintritt, wird in aller Regel deutlich das „gute" Verhalten verstärkt – und im Fall der Übertretung verstärkt sich das schlechte Gewissen. Tritt die Strafe aber über die Zeit immer seltener oder schwächer ein, so erhöht sich die Bereitschaft zur Übertretung, gleichzeitig mindert sich das schlechte Gewissen, bis man dann die „schlimmen" Dinge ohne jegliches schlechtes Gewissen tut. Dasselbe kann eintreten, wenn der Gewinn der Übertretung den Schaden der zu erwartenden Bestrafung deutlich übersteigt. Die Übertretung wird in so einem Fall zum kalkulierten Risiko und damit zum Geschäft, das man dann ohne jegliches schlechtes Gewissen ausführt.

Die Entstehung eines schlechten Gewissens benötigt drei Zutaten: eine *Handlungsabsicht*, ein *Ge-* oder *Verbot*, das mit dieser Handlungsabsicht im Konflikt liegt, und eine *Sanktion*, die auf die Übertretung des Ge- oder Verbotes folgt. Das Zusammenwirken dieser drei Zutaten lässt sich folgendermaßen zusammenfassen:

1. Eine Handlungsabsicht liegt vor. Diese ist umso einflussreicher, je stärker sie zur Befriedigung eines Bedürfnisses dient und je länger sie eingeübt wurde.
2. Ein äußeres oder inneres Gebot oder Verbot existiert, das mit dieser Handlungsabsicht in Konflikt liegt.
3. Es besteht die Erwartung einer äußerlichen oder innerlichen Sanktion beim Ausführen der Handlungsabsicht, weil das Ausführen der Handlungsabsicht automatisch die Übertretung des Gebotes mit sich bringt.
4. Es erfolgt ein Abwägen zwischen dem Gewinn der Übertretung und der zu erwartenden Sanktion.

5. Das Verhältnis von der Übertretung zur Sanktion wird geprüft: Wie stark tritt die Sanktion ein, tritt sie überhaupt ein?
6. Ein Ausbleiben oder ein zu seltenes Auftreten der Sanktion führt zur Erhöhung der Wahrscheinlichkeit, dass eine Übertretung vollzogen wird, und führt gleichzeitig zur Abnahme des schlechten Gewissens. Ein unregelmäßiges Eintreten der Sanktion hingegen verstärkt das schlechte Gewissen bei einer Übertretung.

Gelten diese Abläufe für alle Menschen gleichermaßen? Die Antwort lautet: Nein, denn das schlechte Gewissen ist immer individuell geprägt. Die oben beschriebenen Prozesse sind bei unterschiedlichen Persönlichkeiten auch unterschiedlich wirksam. So neigen offen-dynamische Menschen zu Übertretungen, es sei denn, die Sanktionen sind erheblich. Sie bilden seltener ein schlechtes Gewissen aus. Im Extremfall (antisoziale Persönlichkeitsstörung, Psychopathie) sind sie sogar völlig unfähig zu einem schlechten Gewissen. Vorsichtig-ängstliche, sogenannte „neurotizistische" Menschen hingegen sind sehr bestrafungssensitiv und lassen sich leicht von Sanktionsandrohungen beeinflussen. Sie leiden häufig unter schlechtem Gewissen, und im Extremfall ist ihre eigene Existenz bereits Anlass zu schlechtem Gewissen; eine solche Verfassung kann sogar bis zu Selbsttötungstendenzen führen, nach dem Motto: Es wäre am besten, wenn es mich gar nicht gäbe.

Viele der Prozesse, die für schlechtes Gewissen verantwortlich sind, laufen in der frühen Kindheit und Jugend ab und werden deswegen sehr gut gelernt. Oft treten Konflikte zwischen den Bedürfnissen des Kindes und des Jugendlichen und den Geboten und Verboten der Umwelt auf, die stark verinnerlicht werden. Ob also jemand generell oder in bestimmten Kontexten zu einem schlechten Gewissen neigt und wie damit umgegangen wird, hängt wesentlich von der Entwicklung der Persönlichkeit ab. Es macht darum Sinn, sich einmal die neurobiologische Sicht auf einige Facetten der Persönlichkeitsentwicklung zu Gemüte zu führen, die für das Thema schlechtes Gewissen relevant sind.

Grundzüge der Persönlichkeitsentwicklung aus neurobiologischer Sicht

Persönlichkeitsentwicklung ist eine komplexe Thematik. Wenn man sich daran macht, aus der Sicht der Hirnforschung die Entwicklung der Persönlichkeit zu beschreiben, steht man vor dem Problem, dass man verschiedene Aspekte der Gehirnfunktion zusammenfassen muss. Hier den Überblick zu behalten ist nicht einfach. Stellen Sie sich darauf ein, dass ich nun drei verschiedene Ordnungs-Systematiken erläutern werde, deren Zusammenspiel die Persönlichkeitsentwicklung erklärt:

- Ordnungs-Systematik 1: Die Zeitachse
- Ordnungs-Systematik 2: Die vier Ebenen der Persönlichkeit
- Ordnungs-Systematik 3: Die sechs psychoneuralen Grundsysteme

Vielleicht hilft noch eine Metapher, dieses Unterfangen anschaulich zu machen. Warum ist man als Zuhörer von einem bestimmten Konzert begeistert? Hier sind ebenfalls zahlreiche Aspekte im Spiel: der Komponist, dessen Stück gespielt wird, dann die Fähigkeiten des Orchesters, dann die Kompetenz des Dirigenten, hinzukommt die Akustik des Konzertsaals. Über jeden dieser Aspekte kann man dicke Bücher lesen. Das Zusammenwirken dieser Komponenten ergibt dann in Summe das Konzerterlebnis. Für das Gelingen einer Ehe könnte man eine solche Metapher ebenfalls aufstellen, aber das überlasse ich an dieser Stelle der Phantasie der Lesenden. Um zum Thema zurückzukommen: Wenn man als Hirnforscher über Persönlichkeitsentwicklung schreibt, muss man ebenfalls verschiedene Ordnungs-Systematiken und deren Zusammenwirken beschreiben. Das werde ich im Folgenden tun. Eine ausführliche Darstellung findet sich in Roth (2019) und Dicke (2020) (Aufbau des limbischen Systems).

Ordnungs-Systematik 1: Die Zeitachse

Die Neurowissenschaften gehen davon aus, dass die Entwicklung der Persönlichkeit aufs Engste mit der Entwicklung des Gehirns zusammenhängt. Auf einer Zeitachse kann man sich klarmachen, welche Komponenten nacheinander zur Entstehung des schlechten Gewissens beitragen, beginnend mit dem Moment, in dem Samenzelle des Mannes und Ei der Frau eine Verbindung eingehen. Folgende Faktoren sind dabei wirksam:

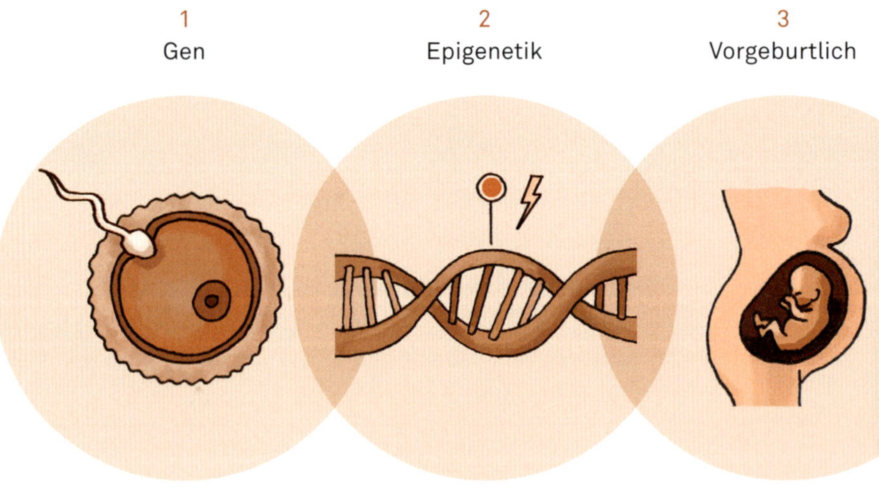

1. der individuelle codierende Gen-Satz;
2. die epigenetischen Regulationsmechanismen;
3. die vorgeburtlichen Einflüsse des Gehirns und des Körpers der Mutter auf den Fötus;
4. die frühkindliche Bindungserfahrung;
5. die weiteren Sozialisationsprozesse und individuellen Erfahrungen.

An dieser Stelle wollen wir eine kurze Erläuterung zum Thema Gene und Epigenetik einfügen, denn – wie viele nicht wissen – es sind nicht die Gene allein, die Einfluss nehmen. Die sogenannte Epigenetik ist genauso wesentlich wie die genetische Grundausstattung eines Menschen.

Die Gene enthalten die Grundinformationen aller Abläufe in unserem Körper einschließlich des Gehirns und seiner Funktionen. Gene starten ihre Funktion aber nicht „von selbst", sondern auf Kommando eines regulatorischen Abschnitts, auch Promotor-Region genannt. Jedes Gen besitzt einen solchen „Oberbefehlshaber". Die Wirkung der Promotor-Region auf die Aktivierung des ihm „unterstellten" Gens nennt man Epigenetik, da sie sich auf einer höheren Kontrollebene vollzieht. Die Vorsilbe „Epi" kommt aus dem Griechischen und bedeutet hier „darüber". Die Promotor-Region kann als eine Art Ein- und Aus-Schalter wirken, der ein Gen in Betrieb nimmt oder es abstellt, kann aber auch die Aktivierung „ihres" Gens abgestuft beeinflussen, es also mehr oder weniger vollständig aktiv werden lassen.

Eine Änderung der Promotor-Region kann entweder rein zufällig geschehen, oder sie wird durch Umweltereignisse verursacht. Umweltereignisse können neben körperlichen auch psychische Faktoren sein. So kann es zum Beispiel bei einer besonderen psychischen Belastung, etwa der Trennung des Säuglings von der Mutter, zu einer ungewöhnlich hohen Ausschüttung des Stresshormons Cortisol kommen. Das Stresshormon Cortisol wiederum kann dann an Promotor-Regionen bestimmter Gene, die mit der Stressregulation zu tun haben, angreifen und sie verändern.

Unterschiede in Promotor-Regionen treten sogar bei eineiigen Zwillingen auf und haben zur Folge, dass es auch zwischen ihnen zu deutlichen Unterschieden im Temperament und in der Persönlichkeit kommen kann, wie ich als Großvater von eineiigen Zwillingen aus eigener Erfahrung bestätigen kann. Zudem können Veränderungen der Promotor-Region auch vererbt werden, dann nämlich, wenn sie in den Ei- oder Samenzellen der Eltern stattfinden. Menschen, bei denen ein Elternteil oder auch beide Elternteile traumatisiert wurden (etwa in Kriegsgebieten), haben mit großer Wahrscheinlichkeit durch das Sperma des Vaters und die Eizelle der Mutter das elterliche Trauma gewissermaßen geerbt – es wurde im wahrsten Sinne des Wortes „in die Wiege gelegt".

Die Forschung der vergangenen Jahre hat gezeigt, dass die Gene im engeren Sinne im Bereich von Psyche und Persönlichkeit eine nur sehr indirekte Wirkung ausüben: An einem Merkmal oder Zustand einer Person wie Intelligenz, Optimismus oder Verbrechertum sind viele bis sehr viele einzelne Gene beteiligt. Jedes Gen liefert deshalb einen nur sehr kleinen Beitrag, die geschilderten epigenetischen Vorgänge hingegen bilden die eigentlichen Grundlagen unseres jeweiligen Fühlens, Denkens und Handelns. Kurz gesagt: Die Gene machen uns zu Menschen, die „Epigene" machen uns zu Individuen.

Ordnungs-Systematik 2: Die vier Ebenen der Persönlichkeit

Für die Persönlichkeitsentwicklung sind außer den Genen und der Epigenetik die Zentren des limbischen Systems wichtig. Die folgende Darstellung geschieht auf der Grundlage des von Manfred Cierpka und Gerhard Roth entwickelten „Vier-Ebenen-Modells" der Persönlichkeit (vgl. Roth und Strüber, 2019, und Dicke, 2020).

Nach dem Roth-Cierpka-Modell der Persönlichkeit ist aus anatomischer und funktionaler Sicht das limbische System des Menschen aus einer unteren, mittleren und oberen limbischen Ebene aufgebaut, denen eine kognitiv-sprachliche Ebene zugeordnet ist.

untere limbische Ebene

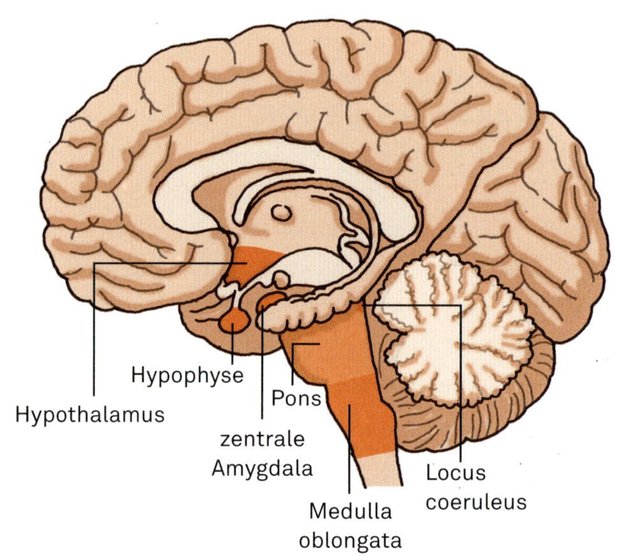

mittlere limbische Ebene

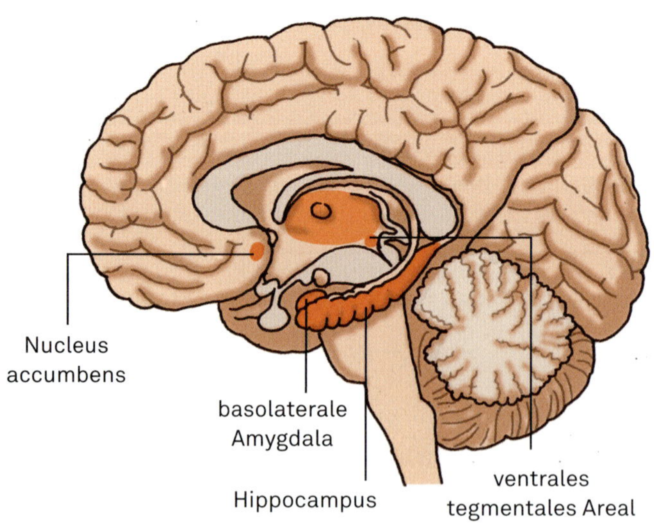

obere limbische Ebene

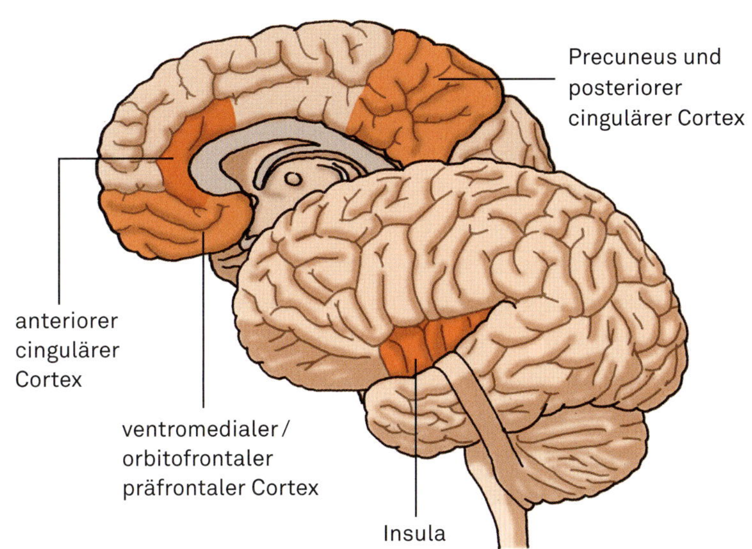

kognitiv-sprachliche Ebene

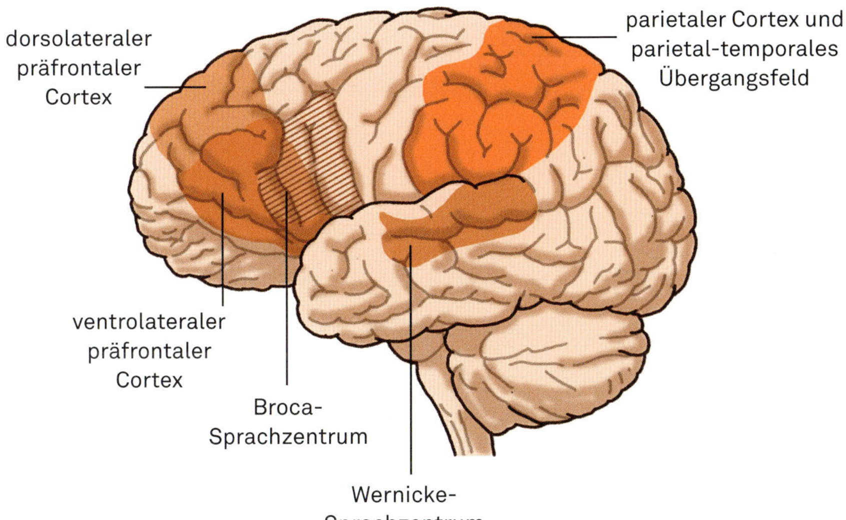

Untere limbische Ebene

Auf der unteren limbischen Ebene findet die Steuerung lebenserhaltender Funktionen statt. Dazu gehört neben der Kontrolle der Tätigkeit der Körperorgane wie Herz, Lunge, Leber, Darm, Niere usw. die Erfüllung biologischer Grundbedürfnisse, die sich in psychischen Grundaffekten ausdrücken. Sie äußern sich z. B. im Drang, Hunger und Durst zu stillen, zu schlafen, sexuelle Bedürfnisse zu befriedigen, uns zu verteidigen oder zu fliehen, wenn wir uns bedroht fühlen, unsere Interessen hartnäckig und manchmal mit körperlichem Einsatz zu verwirklichen, mit Wut zu reagieren, wenn sich uns Hindernisse in den Weg stellen, oder andere Menschen aufzusuchen, wenn wir uns einsam oder schutzlos fühlen. Die Hauptzentrale hierfür ist der *Hypothalamus*, der sich im unteren Teil des Zwischenhirns befindet und eng mit der Hirnanhangsdrüse, der *Hypophyse*, verbunden ist. Hypothalamus und Hypophyse sind an der Produktion bzw. Ausschüttung von Hormonen verschiedenster Art beteiligt. Der Hypothalamus ist zudem das Steuerzentrum für das sympathische und parasympathische Nervensystem, die zusammen das vegetative System bilden.

Zusammenhang von unterer limbischer Ebene (Ordnungs-Systematik 2) mit vorgeburtlichen Einflüssen des Gehirns und des Körpers der Mutter auf den Fötus (Ordnungs-Systematik 1)

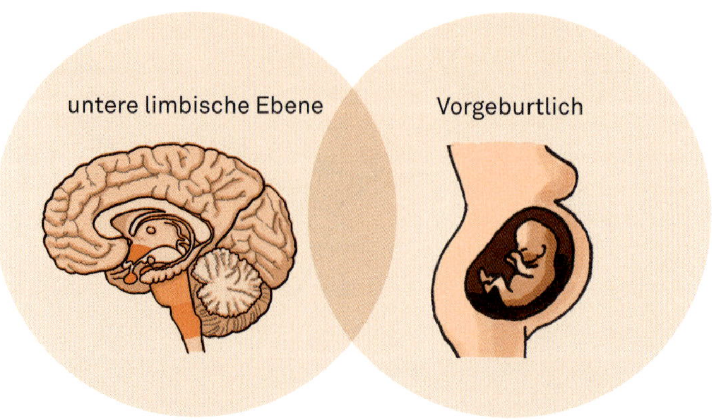

Vorgeburtliche Einflüsse

Wie dies sich entwickelt, ist teils genetisch-epigenetisch bedingt, aber es finden hierbei auch Interaktionen zwischen dem Gehirn und Körper des ungeborenen Kindes und der werdenden Mutter statt. Die Mutter stellt in dieser Weise für den Fötus die erste „Umwelt" dar. Dies findet über die Nabelschnur und Plazenta statt. Hierüber wird der Fötus mit Sauerstoff und Nahrung versorgt, aber es werden auch hormonale Signale ausgetauscht. Das ist nötig, denn keineswegs alle Anweisungen, die das fötale Gehirn zu seiner Entwicklung benötigt, stammen von seinem eigenen Erbgut. Das betrifft z.B. die Festlegung des hormonalen Geschlechts des Fötus zusätzlich zum genetischen Geschlecht (den XX- und XY-Geschlechtschromosomen), aber auch wichtige Teile dessen, was Psychologen das Temperament eines Menschen nennen und damit die Grundausrichtung seiner Persönlichkeit meinen. Das Temperament umfasst den durchschnittlichen Erregungszustand einer Person, d.h. ob diese in der Regel ruhig oder nervös ist, offen oder verschlossen, zurückhaltend-passiv oder neugierig-aktiv, vorsichtig oder unternehmungslustig, abwartend oder impulsiv.

Temperament wurde bisher meist als „angeboren" im Sinne einer genetischen Fixierung bezeichnet. Das ist nicht ganz zutreffend, denn das Temperament wird auch durch vorgeburtliche Einflüsse mitbestimmt. Dies erfolgt teilweise über Veränderungen der Promotor-Region, die dadurch einen lebenslangen Einfluss auf die Person ausüben. Hinzu kommen die Einflüsse, die in den ersten Lebensjahren stattfinden und von denen gleich die Rede sein wird. Dennoch verfestigen sich solche Vorgänge auf neuronaler und psychischer Ebene sehr schnell und wirken dann wie genetisch fixiert, was sie aber eigentlich nicht sind. Damit wenden wir uns der nächsten Ebene des Roth-Cierpka-Modells zu, der mittleren limbischen Ebene.

Mittlere limbische Ebene

An den Vorgängen auf der mittleren limbischen Ebene sind limbische Zentren im Innern des Endhirns und Zwischenhirns beteiligt, die zu den Basalganglien im weiteren Sinne gehören. Hierzu zählt der Mandelkern, *Amygdala* genannt. Die Amygdala ordnet den Erlebnissen bestimmte Bewertungen zu, besonders negativer Art. Dabei arbeitet sie eng mit dem *Nucleus accumbens* (lateinisch für „anliegender Kern") zusammen, der die positiven oder negativen Folgen unserer Erlebnisse bewertet und zur Grundlage von Handlungstendenzen, also Motiven, macht. Wir erfahren von dieser äußerst wichtigen Arbeit erst einmal nichts bewusst, sondern erst dann, wenn die genannten Zentren Impulse in die assoziative Großhirnrinde senden. Das ist aber nicht zwangsläufig so, denn die Arbeit des Hypothalamus, der Amygdala und des Nucleus accumbens kann auch ganz im Unbewussten bleiben, etwa wenn der Erregungszustand nicht stark genug ist, um die Bewusstseinsschwelle zu überschreiten, oder wenn die unbewussten Informationen von „Zensoren" am Eintritt ins Bewusstsein gehindert werden.
Einen weiteren wichtigen Teil der mittleren limbischen Ebene bilden die Basalganglien im engeren Sinne. Dazu gehören vor allem der große kompakte Streifenkörper *(Corpus striatum)* und der ihm eng anliegende sogenannte bleiche Körper *(Globus pallidus)*, zusammen meist *„Striato-Pallidum"* genannt. Die Basalganglien sind zusammen mit den motorischen Zentren der Großhirnrinde und des Kleinhirns Orte des Bewegungs- und Handlungslernens und des entsprechenden Gedächtnisses, auch als „prozedurales Gedächtnisses" bezeichnet.

Das Ergebnis solcher Lernvorgänge wird in den Basalganglien gespeichert, und diese sorgen dafür, dass Abläufe, die wir einüben, immer effektiver ablaufen, bis wir gar nicht mehr darüber nachdenken müssen. Die Basalganglien werden dadurch zum Ort aller tief verwurzelten Handlungsantriebe, die uns im Rahmen der primären Sozialisation bestimmen. Sie sind damit der Ort für all das, was für uns „ganz selbstverständlich" ist und dessen Nichtbeachten großes Unbehagen in uns erzeugt.

Zusammenhang von mittlerer limbischer Ebene (Ordnungs-Systematik 2) mit der frühkindlichen Bindungserfahrung (Ordnungs-Systematik 1)

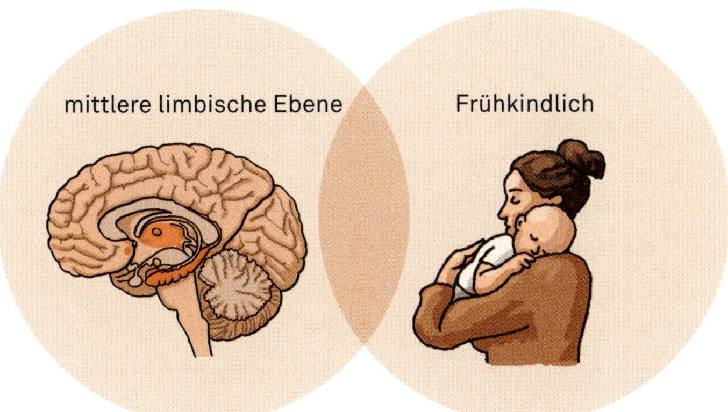

Frühkindliche Bindungserfahrung

Nach der Geburt ist der Mensch der Umwelt in Form der ersten Bezugspersonen und deren Verhalten ausgesetzt, also in der Regel der Mutter und – sofern vorhanden – dem Vater, den Geschwistern und sonstigen vorhandenen Familienmitgliedern. Das Baby wird nun nicht mehr wie im Bauch der Mutter automatisch mit lebenswichtigen Substanzen versorgt, sondern diese müssen jetzt von außen angeliefert werden. Damit das auch so passiert, dafür sorgen im Normalfall mehrheitlich angeborene Verhaltensweisen auf Seiten des Kinds und der Mutter, z.B. sich gegenseitig anlächeln, sich die Arme entgegenstrecken, sich in den Arm nehmen, sich gegenseitig liebkosen oder Laute der Säuglingssprache äußern (Strüber, 2016). Nun kommt die mittlere limbische Ebene ins Spiel.

Hier wird das in der Regel enge Bindungsverhältnis zwischen Mutter und Kind sichergestellt, in dessen Rahmen nun weitere wichtige Entwicklungsschritte stattfinden wie die Verknüpfung emotional und motivational relevanter Ereignisse mit angeborenen Grundgefühlen wie Freude, Furcht, Angst, Ärger, Neid, Trauer und Überraschung. Hier entwickelt sich auch die Fähigkeit zur nonverbalen Kommunikation über Mimik, Gestik, Sprachintonation und Körperhaltung. Ebenso vollzieht sich hier die Verarbeitung natürlicher Belohnungsereignisse, also dessen, was uns guttut und Spaß macht. Auf diese Weise bildet sich das grundlegende Motivationssystem heraus, das Belohnungen „in Aussicht stellt". Ebenso wird gelernt, was weh tut und deshalb zu meiden ist.

Innerhalb dieser frühen Bindungserfahrungen prägen die ersten Bezugspersonen dem Kleinkind über ihr Verhalten ihre eigene Gefühlswelt und Persönlichkeit auf und damit auch die dort verankerten Normen. In diesem Zusammenhang entstehen die Grundstrukturen unseres Selbstbildes und Selbstvertrauens und unser Grundverhältnis zu den Mitmenschen, also Empathiefähigkeit und Feinfühligkeit sowie die Grundlage normgerechten Verhaltens, sofern dieses den Umgang mit sich und der direkten Umwelt betrifft.

Obwohl die Zentren der unteren und mittleren limbischen Ebene unbewusst oder nicht erinnerbar arbeiten, steuern sie doch nachhaltig die körperlichen und psychischen Abläufe sowie unser Verhalten, und zwar über die Beeinflussung der Basalganglien und des vegetativen Systems. Sofern sie keine Meldung an bewusstseinsfähige Strukturen in der Großhirnrinde machen, von denen gleich die Rede sein wird, erfahren wir davon aber nichts bewusst. Wir wundern uns nur, warum wir uns in einer bestimmten Weise verhalten oder warum wir etwa eine merkwürdige, namenlose Unruhe oder gar Panik verspüren.

Der US-amerikanische Neurobiologe Joseph LeDoux (vgl. LeDoux, 1998) hat am Beispiel der Furchtentstehung von einem „schnellen" und einem „langsamen" Verarbeitungsweg gesprochen. Über den „schnellen" Weg geht das Bild eines bedrohlichen Objekts, etwa einer Kreuzotter, von den Sinnesorganen über das Zwischenhirn – unter Umgehung der bewusstseinsfähigen „assoziativen" Großhirnrinde – mehr oder weniger direkt zur Amygdala, die blitzschnell auf die bedrohliche Situation reagiert und den verhaltenssteuernden Zentren befiehlt: „Fliehen!". Wir tun dies dann, ohne recht zu wissen, wovor wir eigentlich fliehen. Das erfahren wir erst einige Sekunden später über den „langsamen" Weg, der vom Zwischenhirn zum assoziativen Cortex zieht und uns das bewusste Bild der Kreuzotter nachliefert – oder uns erkennen lässt, dass es sich in Wirklichkeit um eine Blindschleiche handelte.

Es kann zwar auch sein, dass schon vom Säugling oder vom Kleinkind bewusste Erfahrungen gemacht werden, weil die dafür nötigen Strukturen bereits vorhanden, wenngleich noch nicht ganz ausgereift sind. Aber diese bewussten Erfahrungen können vom Säugling oder Kleinkind noch nicht dauerhaft abgespeichert werden. Bei einer dauerhaften Abspeicherung von Gedächtnisinhalten müssen der Zwischenspeicher, nämlich der Hippocampus (von dem wir noch hören werden), und die Großhirnrinde als Sitz des Langzeitgedächtnisses in einer ganz bestimmten Weise zusammenarbeiten. Diese Abläufe sind beim Kleinkind noch nicht ausgebildet. Deshalb können wir uns an diese Kleinkinderfahrungen später nicht mehr erinnern. Freud hat diese Tatsache „infantile Amnesie" genannt, also kleinkindliche Gedächtnislücke, die ungefähr die ersten beiden Lebensjahre umfasst. Nun kommt die obere limbische Ebene ins Spiel.

Obere limbische Ebene

Die auf der oberen limbischen Ebene tätigen Hirnzentren gehören alle der Großhirnrinde an. Sie beginnen sich während der ersten Lebensjahre zu entwickeln, sind damit aber zum Teil noch nicht einmal mit achtzehn bis zwanzig Jahren, also mit Beginn des Erwachsenenalters fertig. Hierzu gehört der *insuläre Cortex*, der ein tief eingesenkter Teil der Großhirnrinde zwischen dem frontalen, parietalen und temporalen Cortex ist und teils mit der Körper- und Eingeweidewahrnehmung sowie Schmerz, teils mit Empathie zu tun hat. Weiterhin gehört hierzu der *cinguläre Cortex*, der an der Innenfläche der Großhirnhemisphäre liegt und wie ein Gürtel (lateinisch cingulum) um die im Innern des Endhirns liegenden subcorticalen Zentren zieht, die wir weiter oben besprochen haben. Sein vorderer Teil, der *anteriore* cinguläre Cortex, ist zum einen mit der Steuerung von Aufmerksamkeit und Fehlerüberwachung befasst und zum anderen mit Schmerzerwartung, Empathie und Risikoabschätzung, also mit dem Erkennen und Beurteilen tatsächlicher und möglicher negativer Ereignisse. Der mittlere Bereich steuert die affektiven Lautäußerungen wie Lachen, Weinen, Schreien, Stöhnen usw., und der hintere Bereich ist ein Teil des autobiographischen Gedächtnisses.

Im unteren Stirnhirn über den Augenhöhlen, den *Orbitae*, liegt der *orbitofrontale Cortex*. Er integriert alle bewussten emotionalen und kognitiven Zustände und vergleicht sie mit der gegenwärtigen Situation, insbesondere in Hinblick auf den *sozialen Kontext*. Er ist Sitz der Regeln erwünschten Verhaltens im kleineren und größeren sozialen Kontext und zügelt entsprechend unangemessene Verhaltensweisen, etwa in Form von Unhöflichkeit und „Danebenbenehmen" bis hin zu kriminellem Verhalten. Entsprechend kann eine Erkrankung oder Zerstörung dieses Areals aufgrund von Unfällen oder eines Schlaganfalls dazu führen, dass ein friedlicher und hilfsbereiter Mensch plötzlich zu einem rücksichtslosen und egozentrischen Wesen werden kann, wie der Neurologe Antonio Damasio es anschaulich am Beispiel des Ingenieurs Phineas Gage dargestellt hat (vgl. DAMASIO, 1994). Bei Schwerverbrechern, die durch gravierende Normenverletzungen auffallen, finden sich häufig Fehlentwicklungen oder Verletzungen des orbitofrontalen Cortexes. Insofern kann man den orbitofrontalen Cortex als Sitz der sozialen Normen ansehen.

Dieses Areal benötigt zur völligen Ausreifung mindestens zwanzig Jahre. Dies zeigt sich daran, dass Menschen gewöhnlich erst in diesem Alter halbwegs zu Vernunft gekommen sind und sich einigermaßen gesetzes- und normengerecht verhalten.

Zusammenhang von oberer limbischer Ebene (Ordnungs-Systematik 2) mit späteren Sozialisationsprozessen (Ordnungs-Systematik 1)

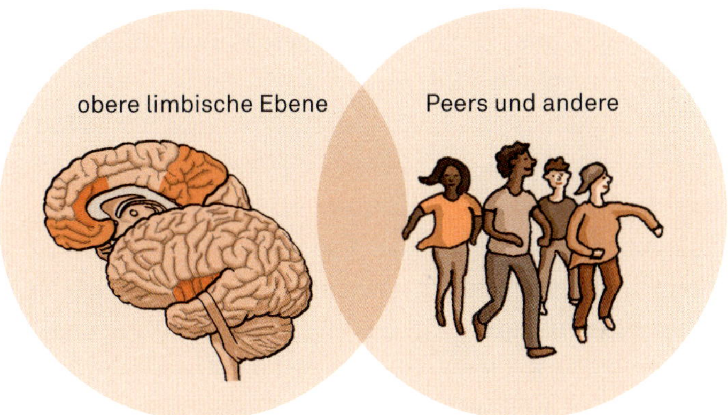

Weitere Sozialisationsprozesse

In einem Alter von drei bis vier Jahren, gelegentlich auch früher, treten wir einem größeren Kreis von Personen bei, etwa im Kindergarten und dann in der Schule. Wir schließen Freundschaften, lernen weitere Vertrauenspersonen kennen usw. Es entwickeln sich ab diesem Zeitpunkt im Normalfall Impulshemmung, Risikowahrnehmung, das bewusste Belohnungs- und Bestrafungsgedächtnis sowie das kognitive und emotionale Verstehen des Fühlens, Denkens und Handelns der anderen. Dies entspricht dem, was in der Psychologie und den Neurowissenschaften „Theory of Mind" genannt wird. In diesem Zusammenhang werden auch die Regeln sozialen und moralisch-ethischen Verhaltens erlernt. Auf diese Weise wird das Ego-zentrierte Verhalten des Kleinkindes zunehmend an die Erfordernisse des gesellschaftlichen Zusammenlebens angepasst – erst im kleineren, dann im größeren Kreis. Hier lernen wir, wie wir uns zu verhalten haben, damit uns die Zuneigung und Hilfsbereitschaft anderer Menschen, mit denen wir nicht verwandt oder zusammen aufgewachsen sind, erhalten bleibt. Dazu gehört auch die Art, wie wir miteinander kommunizieren, uns darstellen und uns verhalten müssen, damit wir unsere Ziele verwirklichen können, welche diese auch immer sein mögen. Dies ist der Zeitpunkt der Ausbildung von sozialen Normen im weiteren Sinne, also dem Befolgen dessen, was andere Menschen wie Lehrer, Geistliche, Gesetzesvertreter und Politiker uns als „gutes Verhalten" verkünden. Jetzt befassen wir uns mit der vierten Ebene des Roth-Cierpka-Modells, der kognitiv-sprachlichen Ebene.

Die kognitiv-sprachliche Ebene

Den drei limbischen Ebenen steht die kognitiv-sprachliche Ebene gegenüber. Sie wird vornehmlich vom oberen Stirnhirn, dem *dorsolateralen präfrontalen Cortex* repräsentiert. Hier finden sich das vordere Arbeitsgedächtnis und mit ihm die Grundlage von Intelligenz und Verstand sowie von planvollem und kontextgerechtem Handeln. Bezeichnenderweise steht der dorsolaterale präfrontale Cortex in engem Kontakt mit dem gleich darunter liegenden Broca-Sprachareal, das zusammen mit dem weiter hinten liegenden Wernicke-Sprachareal die Grundlage der menschlichen Sprache, insbesondere des korrekten Sprechens bildet. Das obere Stirnhirn kontrolliert über das Arbeitsgedächtnis auch die Art und Weise, wie wir uns sprachlich angemessen ausdrücken. Damit wird diese Ebene auch die der Darstellung und Rechtfertigung des bewussten Ich vor sich selbst und vor den anderen und damit auch zum Autor von Entschuldigungen und Ausreden (vgl. Roth, 2021).

Wichtig ist, dass die kognitiv-sprachliche Ebene keinen direkt wirksamen Einfluss auf die Verhaltenssteuerung hat, sondern dass dieser Einfluss indirekt und immer nur in Verbindung mit Gefühlen und Motiven zum Tragen kommt. Wie oft erleben wir, dass wir vernünftigen Ratschlägen und auch eigenen rationalen Einsichten nicht folgen, auch wenn wir das eigentlich wollen. Etwas als vernünftig einzusehen, heißt nicht automatisch, danach zu handeln! Umgekehrt aber steht die kognitiv-sprachliche Ebene unter starkem Einfluss von Gefühlen bewusster und unbewusster Art. Nur mühsam lernen wir, bei starken Belastungen einen kühlen Kopf zu bewahren, wir haben Mühe, uns klar auszudrücken, und diejenigen, die das dennoch schaffen, sind in erheblichem Vorteil.

Diese höchst einseitige Beziehung zwischen der kognitiv-sprachlichen Ebene und den drei limbischen Ebenen ist auch der Grund dafür, dass Menschen selbst dann ein schlechtes Gewissen haben können, wenn aus „rationaler" Sicht überhaupt kein Grund dafür vorliegt. Dies ist der Fall, wenn etwa ein Jude ein schlechtes Gewissen dabei hat, Schweinefleisch zu essen, obwohl er sich schon längst von seinem Glauben freigemacht hat und dieses Verbot als völlig unsinnig ansieht. Dasselbe gilt für einen Ex-Katholiken, der ein schlechtes Gewissen hat, wenn er sich scheiden lässt.

Einflussverlauf

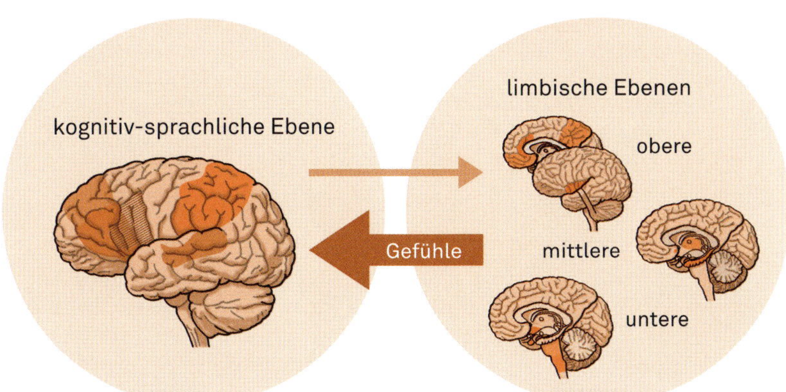

Ordnungs-Systematik 3: Die sechs psychoneuralen Grundsysteme

Wir haben nun zwei Ordnungs-Systematiken kennengelernt: Erstens die zeitliche Systematik der Gehirnentwicklung und der damit verbundenen Lernvorgänge, was Bindung und Sozialisation betrifft. Zweitens haben wir im Gehirn vier Ebenen identifiziert, die auf völlig unterschiedliche Art und Weise mit dem, was die zeitliche Entwicklung einer befruchteten Eizelle bis zum Erwachsenen ergibt, zusammenspielen. Aufatmen ist an dieser Stelle der Überlegungen jedoch leider noch nicht möglich, wenn wir das Phänomen des schlechten Gewissens neurobiologisch verstehen wollen. Wir müssen noch eine weitere Ordnungs-Systematik kennenlernen, das sind die sechs psychoneuralen Grundsysteme – ein Modell, das Nicole Strüber und Gerhard Roth entwickelt haben (genauer dargestellt in ROTH & STRÜBER, 2019).

Die im Folgenden dargestellten sechs psychoneuralen Grundsysteme sind verantwortlich für die Übertragung der neurobiologischen Prozesse, die in der geschilderten Weise auf den limbischen Ebenen ablaufen, in erlebte psychische Prozesse. Sie sind daran beteiligt, dass wir so etwas wie eine „gefühlte" Persönlichkeit erleben können. Ihre Wirkung ist charakterisiert durch die Effekte von Neuromodulatoren wie zum Beispiel Cortisol, Oxytocin oder Serotonin. *Neuromodulator* ist der Oberbegriff für chemische Botenstoffe im Gehirn, wie z.B. Neurotransmitter, Neuropeptide oder Neurohormone. Schauen wir uns die einzelnen psychoneuralen Grundsysteme in Ruhe nacheinander an.

Psychoneurales Grundsystem 1: Stressverarbeitung

Bereits in den ersten Wochen der embryonalen Gehirnentwicklung entsteht das Stressverarbeitungssystem und entwickelt sich dann weiter, weit über die Geburt hinaus. Seine Funktion besteht darin, den Organismus über die Ausschüttung von Stresshormonen zur Bewältigung sachlicher Probleme sowie körperlicher und psychischer Belastungen und Herausforderungen zu befähigen. Die hier entscheidenden Stresshormone sind Adrenalin, produziert im Nebennierenmark, Noradrenalin und Cortisol-Vorläuferstoffe im Gehirn sowie Cortisol, produziert in der Nebennierenrinde. Die Entwicklung dieses Systems beginnt bereits in den ersten Schwangerschaftswochen und setzt sich während der ersten Lebensjahre fort. Es ist für die Persönlichkeit eines Menschen charakteristisch, wie viel Belastungen er vertragen und bewältigen kann, d.h. wie hoch seine Widerstandsfähigkeit, seine Stressresilienz, ist, wie schnell und effektiv er potenziell negative und bedrohliche Dinge erkennt, wie schnell das Stresssystem Körper und Gehirn aktiviert und es die Erregung wieder herunterfahren kann.

Kernstück der Stressregulation ist die negative Rückkopplung zwischen der Produktion von Stresshormonen im Hypothalamus bzw.

im Fall von Adrenalin und Cortisol in der Nebenniere einerseits und der aktuellen Stressbelastung andererseits. Ist die Stressbelastung hoch und dauert an, so meldet das limbische System den Produktionsorten: „Mehr Stresshormone nötig!“ Ist die Belastung vorbei, heißt die Botschaft: „Aufhören!“ Der Stand der Dinge wird über spezifische Sensoren, sogenannte Cortisol-Rezeptoren, registriert, und zwar vornehmlich im Hippocampus. Der Hippocampus übt im Gehirn eine sehr wichtige Doppelfunktion aus. Zum einen ist er – wie bereits erwähnt – der Zwischenspeicher für sensorische und kognitive Inhalte unseres Erlebnisgedächtnisses, zum anderen reguliert er die Verbindung von unbewussten und bewussten Emotionen mit diesen Inhalten und steht daher in engem Kontakt mit den genannten limbischen Zentren wie der Amygdala, dem Nucleus accumbens und dem Hypothalamus. Entsprechend sendet der Hippocampus in einer Stresssituation entweder erregende oder hemmende Signale an den Hypothalamus und hierüber an die anderen Produktionsstellen, die bewirken, dass die Produktion von Cortisol-Vorläufersubstanzen entweder herauf- oder heruntergefahren wird. Das Herunterfahren ist aber oft schwierig, und oft können wir uns nach einer heftigen Aufregung nicht schnell genug wieder abreagieren, selbst wenn die unmittelbare Gefahr vorbei ist. Es kann – wie wir gleich erfahren werden – auch passieren, dass sich Menschen überhaupt nicht situationsgerecht aufregen, wie wir das meist tun, sondern „ganz cool“ bleiben. Das mag situativ angemessen, gut oder schlecht sein, ist aber oft ein Zeichen dafür, dass etwas mit der Stressverarbeitung nicht stimmt.

Die Präzision, mit welcher der Hippocampus die Produktion von Stresshormonen überwacht, ist mitentscheidend für eine gute Stressregulation. Traumatische Erfahrungen in früher Kindheit wie Misshandlung, Vernachlässigung oder Missbrauch können diese Funktion negativ beeinflussen, indem sie etwa die epigenetische Regulation der Cortisol-Rezeptoren verändern, so dass es später zu einer dauerhaft erhöhten Produktion von Stresshormonen kommt (Strüber, 2019). Dies hat wiederum bei beiden Geschlechtern Angststörungen und Depression, bei Männern oft auch Gewaltneigung zur Folge.

Die Stärke der Entwicklung des Stressverarbeitungssystems ist wichtig für die Art, wie wir Belastungen durch Gebote und Verbote bewältigen und sie eventuell aufgrund bestimmter eigener Motive missachten. Das Stressverarbeitungssystem bestimmt wesentlich die Fähigkeit, gegen unsinnig erscheinende Gebote und Verbote zu „revoltieren" und sich über sie hinwegzusetzen. Menschen mit einem ungenügend ausgebildeten Stressverarbeitungssystem neigen dazu, sich Geboten und Verboten zu unterwerfen und bei deren Übertretung ein starkes schlechtes Gewissen auszubilden.

Psychoneurales Grundsystem 2: Selbstberuhigung

Das zweite Grundsystem ist das interne Beruhigungssystem. Es ist vornehmlich durch den Neuromodulator Serotonin vermittelt und stellt über den Hippocampus und andere Schaltstellen im Gehirn eine wichtige Kontrollinstanz für die Stressachse dar, indem es die Produktion bzw. Wirkung von Stresshormonen senkt. Es ist damit an der Aufgabe beteiligt, ein psychisches Gleichgewicht aufrechtzuerhalten oder schnell wiederherzustellen und schädliche Aktionen zu vermeiden. Es geht nach der Maxime vor: „Tu lieber nichts, als dass du etwas Falsches tust!"

Ein niedriger Serotoninspiegel kann die Folge vorgeburtlicher oder früh-nachgeburtlicher Traumatisierung sein und in Verbindung mit einem erhöhten Cortisol-Spiegel ebenfalls zu Depressionen, Ängstlichkeit und Risikoscheu führen. Menschen interpretieren dann die Welt als bedrohlicher, als sie ist, und fühlen sich ständig beunruhigt. Dies äußert sich bei Männern oft in reaktiver körperlicher Gewalt, d.h. als Abwehr vermeintlicher Bedrohungen, bei Frauen eher in Schuldgefühlen und Selbstmordtendenz und bei beiden Geschlechtern in Depression. Zu diesem Grundsystem gehört auch die Fähigkeit, die eigenen Gefühle zu kennen und zu regulieren, d.h. sich nicht grundlos aufzuregen, aber das geschieht im Zusammenwirken mit dem weiter unten vorgestellten Bindungssystem.

Defizite im Selbstberuhigungssystem sind, genauso wie solche im Stressverarbeitungssystem, die Grundlage des schlechten Gewissens. Alles wird sorgfältig nach Geboten und Verboten getan, seien sie noch so unsinnig, denn dies vermittelt das ersehnte Gefühl der Sicherheit.

Psychoneurales Grundsystem 3: Bewertung und Motivation

Das dritte Grundsystem ist das interne Bewertungs- und Motivationssystem. Es beruht auf der situationsgebundenen Ausschüttung bzw. Einwirkung von Dopamin sowie von hirneigenen Belohnungsstoffen – den Opioiden und Cannabinoiden – im Hypothalamus, in der Hypophyse und im mesolimbischen System, d.h. im ventralen tegmentalen Areal und im Nucleus accumbens. Dieses System registriert, was eine Person unbewusst und eventuell anschließend bewusst erlebt bzw. tut, hinsichtlich der Konsequenzen für das eigene Wohlergehen und zieht daraus Schlüsse für das weitere Verhalten. Es veranlasst uns über die Ausschüttung von Dopamin, dasjenige zu *wiederholen*, das sich in der Vergangenheit als positiv erwiesen hat, und dasjenige zu vermeiden, das sich als negativ erwiesen hat. Dies ist die Grundlage von Motivation. Dieses System führt zugleich zu Motivkonflikten, wenn nämlich unterschiedliche Motive wie der Wunsch nach Selbstverwirklichung bzw. Autonomie und der Wunsch nach Sicherheit, Wohlbefinden und Bindung gegeneinander stehen. Von derartigen Konflikten werden wir noch ausführlicher hören.

Psychoneurales Grundsystem 4: Bindung und Empathie

Das vierte System ist das Bindungs- und Empathie-System. Es beginnt mit seiner Entwicklung, wenn das Gehirn des Fötus der werdenden Mutter signalisiert, dass er für die Geburt „reif“ ist. Dies löst dann im

Gehirn der werdenden Mutter die Ausschüttung großer Mengen von Oxytocin und damit die Wehen aus (Oxytocin ist ja primär das „Wehenhormon“). Zugleich werden all diejenigen Programme gestartet, die für die Interaktion des Säuglings und Kleinkindes mit der Mutter oder einer anderen primären Bezugsperson unmittelbar nach der Geburt wichtig sind. Außerdem kommt es gleichzeitig beim Neugeborenen und Kleinkind, aber auch auf Seiten der Bezugsperson zur weiteren Ausschüttung von Oxytocin, Serotonin und hirneigenen Opioiden. Dies reduziert Stress, beruhigt und erzeugt Wohlbefinden auf beiden Seiten. Durch diese Interaktion werden das Fühlen, Denken und Handeln der Bezugspersonen derart beeinflusst, dass das übergeordnete Ziel, nämlich Fürsorge für den Nachwuchs zu entfalten, erreicht wird. Läuft alles gut, so bildet sich im Kleinkind eine ausreichende Bindungsfähigkeit aus.

Es gilt als gesichert, dass die Qualität der frühkindlichen Bindung in erheblichem Maße die Bindungsfähigkeit im Erwachsenenalter beeinflusst, sei es gegenüber dem Lebenspartner, sei es gegenüber den eigenen Kindern und auch gegenüber anderen nahestehenden Personen. Hat jemand als Kleinkind keine ausreichende Bindung und Fürsorge erfahren, so entwickelt sich später oft nicht hinreichend die Fähigkeit in ihm, Bindung zu erleben oder den eigenen Kindern oder auch anderen Menschen Bindung und Fürsorge zu vermitteln. Dies kann dadurch verursacht sein, dass die Mutter aufgrund eigener Bindungsdefizite kein Fürsorgeverhalten entwickeln konnte, was häufig mit dem Vorhandensein schwerer Depressionen einhergeht.

Im schlimmsten Fall entwickeln sich im Gehirn, vornehmlich im anterioren cingulären und im insulären Cortex, keine Netzwerke aus, die für Mitgefühl im Sinne von Empathie zuständig sind. Betroffene Menschen werden dann mitleidlos, und das ist oft bei Menschen mit einer antisozialen Persönlichkeitsstörung (den „Psychopathen“) der Fall. In diesem Zusammenhang werden oft die „Spiegelneurone“ genannt. Dabei ist zu bedenken, dass Spiegelneurone bei Makakenaffen entdeckt wurden, die in ihrem Verhalten keine dem Menschen ähnliche Empathie füreinander zeigen, und dass Spiegelneurone bei Makakenaffen zudem in Hirnarealen lokalisiert sind, die dem anterioren cingulären und insulären Cortex des Menschen gar nicht entsprechen. Man sollte beim Menschen daher besser von „Empathie-Arealen“ statt von Spiegelneuronen sprechen, um Missverständnisse zu vermeiden.

Das Bedürfnis nach Bindung und die Androhung des Entzugs von Bindung ist wohl der stärkste Antrieb, Gebote und Verbote zu befolgen, und die Furcht vor diesem Entzug ist wohl die stärkste Quelle schlechten Gewissens. Primaten, zu denen wir Menschen bekanntlich gehören, geraten bei Ausgrenzung und Bindungsentzug in Panik und unterwerfen sich deshalb bereitwillig den jeweiligen sozialen Normen, sei es in einer Affenhorde oder in der menschlichen Gesellschaft. Primatenforscher haben festgestellt, dass Ausgrenzung manchen Schimpansen zum Selbstmord getrieben hat (hier zum Sprung in den nahen Fluss – Schimpansen können nämlich nicht schwimmen).

Psychoneurales Grundsystem 5: Impulshemmung

Das fünfte Grundsystem ist das Impulshemmungssystem. Bei Säuglingen und Kleinkindern ist es noch sehr schwach ausgebildet, genauso wie bei impulsiven Menschen, die nichts abwarten können. Bei ihnen wie auch den Kleinkindern heißt es: „Ich will alles, und zwar sofort!“ Impulshemmung und Toleranz gegenüber dem Aufschub von Belohnungen bzw. der Beseitigung oder Beendigung negativer Dinge entwickeln sich in Form der Verhaltenskontrolle erst zum Erwachsenenalter hin. Impulsgesteuerte Personen neigen leicht zur Missachtung von Geboten und Verboten, weil sie von unmittelbaren Motiven getrieben werden, und bereuen entsprechend schnell das, was sie „unüberlegt“ getan haben.

Das Impulshemmungssystem beruht neben der Wirkung von Serotonin als Beruhigungsstoff auf einer effektiven Hemmung subcorticaler limbischer Zentren, etwa der Amygdala, durch limbische Areale wie den orbitofrontalen, ventromedialen und anterioren cingulären

Cortex. In diesen Arealen wird geprüft, welche Gebote und Verbote hinsichtlich sozialen Handelns bestehen, und in ihnen entsteht das Gefühl des schlechten Gewissens bei Zuwiderhandlung. Wie erwähnt führt eine massive Zerstörung dieser Cortexareale zu zügellosem, normenwidrigem Verhalten, und zwar auch dann, wenn der Betroffene die Gebote und Verbote genau kennt. Sie haben selbst bei massivsten Verstößen keinerlei schlechtes Gewissen. Bei einigen von ihnen erzeugt das Missachten von Geboten und Verboten sogar ein Gefühl der Befriedigung, wie man an den bekannten „Gewalttouristen" sehen kann.

Psychoneurales Grundsystem 6: Realitätssinn und Risikowahrnehmung

Das sechste Grundsystem umfasst den Realitätssinn und die Risikowahrnehmung. Zu den Funktionen dieses Systems gehört das Vermögen, Risiken, d.h. mögliche negative Folgen des eigenen Handelns zu erkennen. Diese Funktion ist erst zu Beginn des Erwachsenenalters mehr oder weniger ausgereift. Sprichwörtlich ist die hohe Risikobereitschaft in Form von Aufsässigkeit, Kleinkriminalität, erhöhter Aggressivität bis hin zu tollkühnem Verhalten während der Pubertät und Adoleszenz, also im Alter zwischen zwölf und zwanzig Jahren. Im Zusammenhang mit dem Einfluss des Sexualhormons Testosteron und einer erhöhten Produktion von Dopamin als Motivationsstoff ist riskantes Verhalten besonders deutlich bei Jungen und jungen Männern zu beobachten. Für sie ist die Missachtung von Geboten und Verboten geradezu an der Tagesordnung, und sie tun dies meist ohne schlechtes Gewissen oder sogar mit Begeisterung. Die Neurobiologie kann zeigen, dass dies während der Pubertät mit Umbaumaßnahmen im Frontalhirn zusammenhängt, in dem im Erwachsenengehirn Verhaltenskontrolle, Fehlererkennung und Risikowahrnehmung lokalisiert sind. Jugendliche zeigen entsprechend vorübergehend so etwas wie eine antisoziale Persönlichkeitsstörung.

Das Zusammenwirken von Ordnungs-Systematik 1, Ordnungs-Systematik 2 und Ordnungs-Systematik 3

Die sechs psychoneuralen Grundsysteme (Ordnungs-Systematik 3) legen in ihrer individuellen Ausprägung Temperament und Persönlichkeit eines Menschen fest, und zwar im Rahmen des Zusammenwirkens von Genen und epigenetischen Faktoren mit vor- und nachgeburtlichen Einwirkungen der Umwelt einschließlich der Erfahrungen, die das Individuum macht. Diese Faktoren haben wir unter dem Stichwort „Ordnungs-Systematik 1" besprochen. Nun kommt die Ordnungs-Systematik 3 dazu, und ihre Funktion gestaltet sich wie folgt: Innerhalb des Rahmens, der durch das Zusammenwirken von Ordnungs-Systematik 1 und Ordnungs-Systematik 2 gebildet wird, kann es entweder zu einem dynamischen Gleichgewicht der sechs psychoneuralen Systeme und ihrer charakteristischen Botenstoffe auf den drei limbischen Ebenen sowie der kognitiv-sprachlichen Ebene kommen. Es bildet sich dann eine Persönlichkeit aus, die sich selbst als „ausgeglichen" empfindet und sich in der Regel innerhalb sozial akzeptierter Grenzen entfaltet. Es können sich aber auch Ungleichgewichte zwischen den sechs psychoneuralen Systemen ergeben, die sich unbewusst, vorbewusst oder bewusst äußern können. Meist hängen diese Inkonsistenzen mit einer unzureichenden Entwicklung eines der genannten psychoneuralen Grundsysteme zusammen, wobei in der Regel dadurch auch andere Grundsysteme betroffen sind, da sie alle miteinander verwoben sind. Die schwersten Folgen für die Persönlichkeit haben Fehlentwicklungen des Stressverarbeitungs-, Selbstberuhigungs- und Bindungssystems.

Solche Fehlentwicklungen können bereits auf der Ebene des unteren limbischen Systems vorhanden sein und zu schweren „strukturellen" Persönlichkeitsstörungen führen, die später kaum zu therapieren sind. Auf der mittleren limbischen Ebene führen Fehlentwicklungen der psychoneuralen Grundsysteme zu unbewussten motivationalen Konflikten. Auf der oberen limbischen Ebene führen sie zu Konflikten zwischen bewussten Zielen. Natürlich kann es auch zu Konflikten zwischen unbewussten Motiven und bewussten Zielen kommen. Mit den drei Ordnungs-Systematiken haben wir nun unser neurobiologisches Handwerkszeug zusammen, um die komplizierte Materie der Motivkonflikte zu untersuchen. Dazu wird es höchste Zeit, denn Motivkonflikte sind ein Hauptproblem im Zusammenhang mit dem schlechten Gewissen.

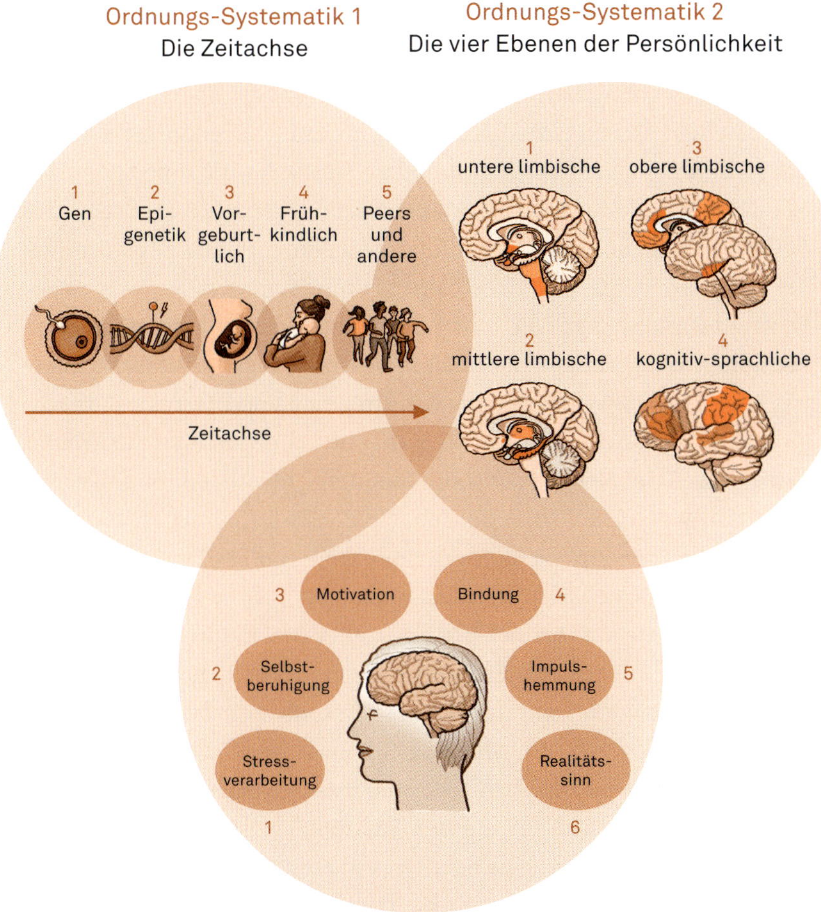

Motive, Motivkonflikte und ihre Rolle für das schlechte Gewissen

Die Frage, was uns antreibt bzw. *warum* wir das tun, was wir tun, gehört seit der Antike zum festen Bestandteil der Philosophie und später der Psychologie (Myers, 2014; Neyer & Asendorpf, 2018). Die bekannteste neuzeitliche Trieb- und Motivationstheorie stammt von Sigmund Freud. Dessen grundlegende, auf ältere Vorbilder zurückgreifende Überzeugung war, dass der Mensch aufgrund seiner biologischen und psychologischen Grundausstattung unlusterzeugende Spannungen erlebt, deren Abbau triebreduzierend und lustvoll wirkt. Ent-Spannung ist das letztendliche Ziel allen Verhaltens. Für Freud gibt es körperliche Bedürfnis- oder Spannungszustände, die in ihrer primären Ausformung der Lebens-, Selbst- und Arterhaltung dienen, aber in der Folge vielfache Abwandlungen, Verfeinerungen und „Verkleidungen" erleben können. Das eigentlich *Treibende* ist eine biologisch-psychische Energie, von ihm *Libido* genannt, die das Streben nach sofortiger Befriedigung darstellt, auch „Lustprinzip" genannt. Freud hat über die Art und Anzahl der Triebe mehrfach seine Meinung gewechselt. So gab es für ihn anfangs den Dualismus des Ich- bzw. Selbsterhaltungstriebes und des Sexualtriebes. Später nahm er einen weiteren Trieb an, den Todestrieb, der auf Destruktion fremden und eigenen Lebens aus ist.

Diese heute immer noch populäre, aber innerhalb der Psychoanalyse seit jeher umstrittene Trieblehre leidet an einem typischen *Erklärungszirkel*. Im vorliegenden Fall heißt dies, dass ein bestimmtes Verhalten als *zielgerichtet* interpretiert wird, und dies wird als Hinweis auf eine treibende innerorganismische oder innerpsychische Instanz, eben *Trieb* genannt, verstanden. Dessen Existenz ist aber nur erschlossen und nicht empirisch nachgewiesen, was zu Freuds Zeiten auch gar nicht möglich war. Dieser hypothetische Trieb wird dann zur Ursache des beobachteten Verhaltens erklärt. Dass sich ein Triebtheoretiker beliebig viele intrinsische Triebe ausdenken und damit menschliches Verhalten beliebig erklären kann, hat das gesamte Triebkonzept einschließlich der Trieblehre Sigmund Freuds nachhaltig in Verruf gebracht.

Eine etwas bejahrte, aber immer noch sehr populäre psychologische Motivationstheorie stammt von Abraham Maslow. Maslow war von seiner Ausbildung her Psychologe, hat aber, soweit ersichtlich, keine umfangreichen eigenen empirischen Forschungen zum Thema Motivation betrieben, sondern sich nach seinem Studium bald philosophisch-humanistischen Fragen zugewandt. Er wurde damit zu einem wichtigen Wegbereiter der humanistischen Psychotherapie. Sein Modell der „Bedürfnispyramide“ ist ein Hierarchiemodell menschlicher Motivation. Es geht davon aus, dass die grundlegendsten und mächtigsten Bedürfnisse auf die Befriedigung physiologischer Triebe nach Nahrung, Wärme, Schutz, Sexualität, Nachkommenschaft usw. aus sind. Ist die Erhaltung der biologischen Existenz gewährleistet, kommen die psychischen Grundbedürfnisse. Darunter versteht Maslow den Wunsch nach Sicherheit, Stabilität, Geborgenheit, Schutz und Angstfreiheit sowie das Bedürfnis nach Struktur, Ordnung, Gesetz und Grenzen. Dem folgen die sozialen Bedürfnisse wie Liebe, Zuneigung und Zugehörigkeit. Schließlich gibt es das Bedürfnis nach Achtung und Selbstverwirklichung. Später hat Maslow ganz oben auf der Pyramidenspitze noch das Bedürfnis nach Transzendenz angesiedelt.

Maslows Modell ist innerhalb der akademischen Motivationspsychologie oft kritisiert worden, weil es ganz ersichtlich auf westlich-humanistischen Vorstellungen und nicht auf empirischen Befunden beruht. Vieles in Maslows Modell ist trivialerweise richtig, manches aber auch ganz falsch. So kommt es vor, dass Menschen alle Menschlichkeit über Bord werfen, wenn es um das nackte Überleben, um den letzten Teller Reis geht. Aber diese „unmenschlichen“ Handlungen passieren auch bei solchen Menschen, denen es eigentlich gut geht, aber von Habgier, von Machthunger, Aggression, sexuellem Rausch oder – besonders schlimm – von menschenverachtenden religiösen Überzeugungen oder politischen Ideologien getrieben sind.

Daneben gibt es viele Fälle, in denen Menschen auf eine zweckmäßige oder gar notwendige Befriedigung leiblicher Bedürfnisse bis zum körperlichen Ruin freiwillig verzichten, um Abenteuer zu erleben, Wissensdurst zu befriedigen, Anerkennung zu finden, zu sich selbst zu kommen oder Gott wohlgefällig zu sein. Schließlich nehmen Menschen Alkohol und Drogen zu sich und sterben daran oder futtern sich zu Tode, suchen also den ultimativen Kick. Wir würden sagen: weil sie besondere Bedürfnisse haben, die sie sonst nicht befriedigen können. Aber warum haben sie solche übersteigerten Bedürfnisse? Warum sitzen Menschen am liebsten auf der Couch, essen Snacks, schauen Fernsehen und telefonieren dabei noch und kümmern sich nicht um ihre Gesundheit oder um ihre Partner, was sie eigentlich sollten? All dies spricht stark gegen das simple Motivationsmodell von Maslow.

Üblicherweise wird in der Motivationspsychologie zwischen *biogenen* Motiven, also dem Stillen biologischer Bedürfnisse, *soziogenen* und *psychogenen* Motive unterschieden. Viele Motivationspsychologen gehen bei den soziogenen Motiven von drei Motivbereichen aus, nämlich *Anschluss-Intimität*, *Macht* und *Leistung*.

Das Anschlussmotiv

Mit dem Grundmotiv Anschluss ist das Streben nach sozialer Nähe gemeint, also nach Geborgenheit, Freundschaft und Zuneigung. Dieses Motiv ist durchaus nicht nur positiv, sondern kann auch negative Wirkungen haben. Menschen, die davon beherrscht werden, fühlen gleichzeitig eine Furcht vor dem Verlust von Anschluss, d.h. vor Zurückweisung und Nichtbeachtung oder dem Ende enger sozialer Beziehungen. Dies geht oft einher mit einer erhöhten Ängstlichkeit und Ich-Schwäche, die ihrerseits ihre Wurzeln in einer defizitären Bindungserfahrung haben kann. Solche Personen laufen häufig Gefahr, anderen mit ihrem Bedürfnis nach Nähe und Zuspruch auf die Nerven zu gehen, und sie erreichen damit das Gegenteil von dem, was sie sich wünschen. Die Motivvariante *Intimität* hingegen findet sich vorwiegend bei positiv gestimmten Personen, die selbst Vertrauen, Wärme und Gegenseitigkeit ausstrahlen. Sie sind zum Beispiel typische „Zuhörer". Wie bereits erwähnt ist das Grundmotiv Anschluss und Intimität ein wichtiger Faktor beim Beachten von Geboten und Verboten.

Das Machtmotiv

Das Grundmotiv Macht ist gekennzeichnet durch das Streben nach Status, Einfluss, Kontrolle und Dominanz. Das Machtmotiv geht meist einher mit der Furcht vor dem Machtverlust, und zwar aus gutem Grund. Bei harem- und revierbesitzenden männlichen Säugetieren, aber auch bei den sogenannten Alpha-Tieren der Primaten einschließlich des Menschen dauert der uneingeschränkte Machtbesitz nur kurze Zeit, bis ein Stärkerer kommt. Fatal wirkt sich hier – zumindest im Tierreich – die biologisch an sich sinnvolle Kopplung männlicher Dominanz mit Sexualität aus: Der aus langen Kämpfen siegreich Hervorgegangene muss sofort bei seinen Weibchen zur Tat schreiten, und das entkräftet ihn häufig so sehr, dass er einem neuerlichen Konkurrenten nichts mehr entgegenzusetzen hat. Den ereilt allerdings möglicherweise bald dasselbe Schicksal.

Das Streben nach Macht steht sehr oft im Widerspruch zu Streben nach Anschluss und Intimität und ist damit eine wichtige Quelle der Verletzung von Geboten und Verboten. Dabei muss insbesondere ein möglicherweise aufkommendes schlechtes Gewissen „wegrationalisiert" werden, etwa durch die Argumente „Es muss eben sein, auch wenn mir das leid tut" oder „Ich nehme mir nur, was mir zusteht!"

Das Leistungsmotiv

Das Grundmotiv Leistung äußert sich im Bedürfnis, Dinge gut oder besser zu machen, sich und andere zu übertreffen, schwierige Aufgaben zu meistern, etwas Neues anzufangen, Dinge zu erobern, Hindernisse zu überwinden und den Status zu erhöhen (hier besteht eine Nähe zum Machtmotiv). Das Leistungsmotiv ist mit Neugier gekoppelt. Mit ihm tritt – ähnlich wie beim Machtmotiv – aber auch die Angst vor dem Versagen auf. Das Streben nach Leistung ist wie dasjenige nach Macht eine wichtige Quelle für Verletzungen von Geboten und Verboten. Viele bedeutende Menschen haben sich absichtlich über bestehende Gebote und Verbote hinweggesetzt, und viele wurden dabei von einem schlechten Gewissen geplagt.

Appetenz und Aversion

Viele Modelle der Motivationspsychologie gehen davon aus, dass Menschen danach streben, Ereignisse herbeizuführen, die positive (appetitive) Gefühlszustände anregen, und solche zu vermeiden, die zu negativen (aversiven) Gefühlszuständen führen. Dies nennt man in der Motivationspsychologie *Affektoptimierung*. Man will damit ausdrücken, dass jeder danach strebt, dass es ihm unter den gegebenen Umständen maximal gut geht, d.h. dass er Freude und Lust erlebt, Spaß hat, optimistisch in die Zukunft sieht usw. Dies bedeute in aller Regel gleichzeitig, dass er versucht, Schmerzen und negative Gefühlszustände zu vermeiden.

Dass eine solche Erklärung nicht ganz stimmen kann, zeigt sich schon daran, dass viele Menschen sehenden Auges späteres Leid in Kauf nehmen, um einen sofortigen Lustgewinn zu haben (den Kuchen oder ein Sexabenteuer), und viele andere Menschen umgekehrt jetzigen Schmerz (z.B. bei anstrengender körperlicher Arbeit) auf sich nehmen um eines späteren Lustgewinns willen („Toll, was ich erreicht habe, obwohl ich mich krumm legen musste!"). Der Grund hierfür liegt darin, dass jeder Mensch innerhalb seiner Entwicklung individuelle Muster von Appetenz und Aversion ausbildet, die auf Lust- und Unlusterfahrungen beruhen.

Primäre Lust- und Unlustzustände sind auf der unteren limbischen Ebene angesiedelt und hängen mit der Befriedigung oder Nichtbefriedigung der genannten biologisch-psychischen Grundbedürfnisse zusammen. Auf der mittleren und oberen limbischen Ebene werden diese nun durch unbewusste bzw. nicht erinnerbare und bewusste Erfahrungen modifiziert. Hier lernen wir über Ausprobieren oder Nachahmung des Verhaltens der primären Bezugspersonen, was für uns lust- oder unlustvermittelnd ist. Es gibt hier angeborene Vorgaben, z.B. das Lächeln des Kindes beim Anblick der Mutter, das Lächeln der Mutter, die Zärtlichkeit, das Juchzen – alles notwendige Dinge, um die

Interaktion zwischen Kind und Mutter in Gang zu bringen. Aber hierbei muss vieles sehr schnell gelernt werden, denn die jeweiligen Situationen sind oft sehr unterschiedlich. Kind und Mutter (es kann natürlich auch eine andere Bezugsperson sein) können sehr unterschiedliche Temperamente haben, zurückhaltend oder offen, erregt oder ruhig usw., und die müssen sich aneinander anpassen. Das Kind muss den Belohnungsaufschub lernen, und die Mutter muss lernen, geduldig mit einem schwierigen Kind umzugehen. Wenn das Kind damit beginnt, seine Umgebung zu erkunden, muss es lernen, was angenehm und was unangenehm ist bzw. Schwierigkeiten bereitet (z.B. ein Geschwister, der Familienhund, die Tischkante). Oft hilft die Anweisung der Erwachsenen wenig, die ja kaum verstanden wird, sondern es geht nach Versuch und Irrtum.

Hier kommen die Lehrmeister auf der mittleren limbischen Ebene ins Spiel. Das Grundprinzip dieser Lehrmeister ist, dass alles, was unser Gehirn an Wahrnehmung oder eigenem Verhalten registriert, nach dessen positiven oder negativen Folgen, also Lust und Unlust als Indikatoren für nützlich und schädlich, bewertet wird. Die Resultate dieser Bewertung werden im vorerst unbewussten Erfahrungsgedächtnis niedergelegt und bilden die Grundlage für die Ausrichtung künftiger Motive.

An diesen Prozessen sind zahlreiche bereits genannte Zentren beteiligt, z.B. die Amygdala, das ventrale tegmentale Areal, der Nucleus accumbens und das ventrale Pallidum. Das Ergebnis dieser Zusammenarbeit wird an das dorsale Striato-Pallidum als subcorticales Koordinationszentrum für Handlungen weitergeleitet. In diesen Hirnzentren, vor allem im VTA und im Nucleus accumbens, gibt es eine Vielfalt von Neuronen, die ganz unterschiedliche Aspekte bearbeiten.

Die Amygdala spielt hierbei eine wichtige Rolle, denn sie ordnet den sachlichen Geschehnissen positive und insbesondere negative Bewertungen zu, speichert sie für kurze Zeit, z.B. um damit unbewusst arbeitende Zentren der Verhaltenssteuerung aktuell zu beeinflussen. Sie schickt auch dem dorsalen Striato-Pallidum als Handlungsgedächtnis und dem Hippocampus als Organisator des erinnerungsfähigen

Gedächtnisses Signale zu. Amygdala und Hippocampus sind, wie wir bereits gehört haben, neben dem Hypothalamus auch Hauptakteure der Stressreaktion, indem die Amygdala unbewusst und sehr schnell Gefahrensituationen erkennt und dies dem Hypothalamus mitteilt, der dann bei der Produktion und Regulation von Stresshormonen mit dem Hippocampus eng zusammenarbeitet. Die Amygdala ist damit auch ein wichtiger Teil des unbewussten Warnsystems und erzeugt in der Großhirnrinde Furcht und im „entarteten" Zustand Angst.

Natürlich gibt es auch Zentren für das Entstehen angenehmer Zustände. Sie bilden sich dadurch, dass das Erkennen solcher Zustände durch die Wahrnehmungssysteme zur Ausschüttung von hirneigenen („endogenen") Drogen führt, die chemisch den Drogen Opium, Morphium und Cannabis ähneln und deshalb „Opioide" und „Cannabinoide" genannt werden.

Die Rezeptoren für diese Stoffe sitzen in kleinen Gebieten innerhalb der verschiedenen limbischen Zentren und werden auf Englisch „hedonic hotspots" genannt (hedonisch bedeutet „lusterzeugend"). Zu den Zentren mit solchen „hotspots" gehören subcortical der Nucleus accumbens, die Amygdala, das ventrale Pallidum, das ventrale tegmentale Areal und auf corticaler Ebene der orbitofrontale und der insuläre Cortex. Produziert werden die endogenen Opioide und Cannabinoide im Hypothalamus und in der mit ihm verbundenen Hypophyse, der Hirnanhangsdrüse sowie im Hippocampus und im Rückenmark. Eine wichtige natürliche Funktion dieser Stoffe ist Schmerzlinderung und die Dämpfung des Hungergefühls sowie die Aufgabe, den Körper und die Psyche trotz Belastung und Schmerz „bei Laune" zu halten. Deshalb haben sie auch eine lusterzeugende oder gar euphorisierende Wirkung.

Neben den hedonischen „hotspots" gibt es in der Amygdala, im Nucleus accumbens, VTA und ventralen Pallidum auch räumlich getrennte „coldspots", die beim Andocken bestimmter Substanzen, die wie Substanz P, Cortisol (in größeren Mengen) oder Cholecystokinin zu schmerzhaften oder psychisch unangenehmen Erlebniszuständen führen.

Alles, was uns Lust und Spaß bereitet, beruht nach derzeitiger Erkenntnis auf der Ausschüttung dieser hirneigenen Drogen. Das kann durch Alkohol und Sex ausgelöst werden, aber auch durch einen liebevollen Blick, ein Lob, eine Ehrung, den Anblick von viel Geld, die Wahl in ein hohes Amt usw. All dies kann in uns positive Gefühle hervorrufen, etwa Befriedigung, etwas erreicht zu haben, das Gefühl, im siebten Himmel zu schweben, bis hin zum Siegestaumel. Das hängt zum einen mit der Menge an ausgestoßenen endogenen Opioiden zusammen. Zum zweiten kommt es auf die Vorgeschichte der Belohnung an, also auf den Unterschied zu früher. Diese Tatsache ist einerseits wunderbar, nämlich wenn das schöne Erlebnis zum ersten Mal stattfindet. Sie vermiest uns aber auch oft bei der Wiederholung den so ersehnten Spaß am Leben. Wer zum ersten Mal in seinem Leben Schokolade isst, dem schmeckt sie wunderbar, der erste Kuss, das erste Liebesabenteuer, das erste richtige Gehalt, die erste Beförderung – sie alle sind unvergesslich. Hat man später den Schrank voller Schokoladetafeln, denkt man eher an seine Figur. Die fünfte Beförderung wird nur noch nebenbei registriert („War ja auch Zeit!"), und später sind die Don Giovannis und Casanovas nur noch Getriebene.

Dabei gilt, dass die Wirkung der Belohnungsstoffe bei jeder Wiederholung des anfangs sehr erfreulichen Ereignisses meist rapide nachlässt und oft bei jeder Wiederholung nur noch halb so stark ist wie vorher. Manchmal geht es sogar noch schneller, und Langeweile tritt ein.

Wir lernen daraus, dass alle Belohnungen, seien sie materiell oder geistig, nur dann als solche empfunden werden, wenn sie mit der Ausschüttung der genannten Stoffe im Gehirn verbunden sind.

Dies ist mit bildgebenden Methoden gut nachzuprüfen. Der Anblick eines Hundert-Euro-Scheins wird im VTA eines armen Schluckers eine starke Ausschüttung endogener Opioide hervorrufen – vorausgesetzt er ist überhaupt an Geld interessiert. Im VTA eines Multimillionärs wird sich aber nichts regen – außer er ist krankhaft geldgierig. Da die eventuelle Aktivität des unbewusst arbeitenden VTA mehrere Sekunden vor der bewussten Wahrnehmung des Geldscheins und der von ihm ausgestrahlten Wirkung erfolgt, kann man unter günstigen Bedingungen sogar mit einem Vorsprung von einigen Sekunden vorhersagen, ob der Geldschein Freude hervorrufen wird oder nicht, also noch bevor der Betroffene das weiß.

Tragisch wird es, wenn es im Gehirn einer Person keine oder nicht genügend Rezeptoren für die endogenen Opioide gibt, etwa wegen eines genetischen Defekts, einer neurologischen Erkrankung oder einer schweren psychischen Erfahrung, meist im frühen Kindesalter. Dann kann diese Person keine Freude (mehr) erleben. Dies ist ein Kernmerkmal schwerer Depression, das man Anhedonie nennt, d.h. die Unfähigkeit, Freude zu erleben. Leider lässt auch bei den meisten Menschen mit zunehmendem Alter die Erregbarkeit dieser Rezeptoren nach, teils rein organisch, teils aufgrund einer lernbedingten Abstumpfung. Im Alter macht dann vieles „keinen Spaß mehr“, weil man es schon zigmal erlebt hat.

Motivation als konflikthaftes Geschehen

Das Streben nach positiven Gefühlen hängt von vielen Faktoren ab: der Art und Attraktivität der Belohnung, ihrer Nachhaltigkeit und Erwartbarkeit bzw. der Unsicherheit ihres Erreichens bzw. Auftretens, dem Aufwand, der getrieben werden muss, und vielen anderen. Zwischen den genannten Motiven, etwa dem Wunsch nach Bindung und dem nach Leistung, kann es zu starken Konflikten oder „Inkonsistenzen" kommen (GRAWE, 2004) So kann ich mir wünschen, möglichst viel Zeit mit meinem Partner oder meiner Familie zu verbringen oder meinen Verwandten zu helfen, andererseits möchte ich in meinem Beruf sehr erfolgreich sein und eile deshalb von Termin zu Termin. Ich habe als junger Mensch den Traum, Schauspielerin zu werden, aber mein Vater möchte unbedingt, dass ich Medizin studiere und dann später seine erfolgreiche Praxis übernehme. Der Konflikt zwischen Pflicht und Neigung hat sich in unzähligen dichterischen Werken niedergeschlagen. Derjenige zwischen dem Treueeid auf einen verbrecherischen „Führer" und dem moralischen Gewissen, um nur ein Beispiel aus der jüngeren Geschichte zu nennen, hat vor nicht allzu langer Zeit viele deutsche Soldaten psychisch zugrunde gerichtet.

Natürlich gibt es auch weniger dramatische Konflikte: Ich will mir ein flottes Auto kaufen, muss aber mein Konto dabei sehr strapazieren oder auf den Urlaub verzichten. Ich habe den Wunsch, heute Abend ins Konzert zu gehen, sehe aber die Notwendigkeit, noch heute Abend ein lange überfälliges Gutachten zu schreiben. Aber nicht jeder leidet unter solchen Konflikten, manche schaffen es locker, sich zwischen den widerstreitenden Parteien in uns hindurch zu hangeln. Wir sehen, dass einige Motive und Ziele allen Menschen auf der Welt zukommen, andere der Mehrheit der Angehörigen eines bestimmten Kulturkreises sowie einer bestimmten Bevölkerungsschicht, und wieder andere sind höchst individuell. Wie kommt das zu diesem Nebeneinander von Übereinstimmung und Vielfalt?

Von der Belohnung zur Motivation

Im Gehirn gibt es ein System, das alles, was uns geschieht, im ersten Schritt unbewusst nach „positiv“ und „negativ“ für den Organismus bewertet. Diese Bewertungen werden unter bestimmten Bedingungen, von denen noch die Rede sein wird, bewusst, und wir erleben sie als angenehm, freudig, lustvoll bis hin zur Ekstase oder als unangenehm, schmerzhaft bis unerträglich. Diese Bewertungen werden dann zusammen mit den Ereignissen parallel im Erlebnisgedächtnis und im Handlungsgedächtnis, aber auch im Körpergedächtnis festgehalten.

Der portugiesisch-amerikanische Neurologe Antonio Damasio hat in seinem lesenswerten Buch „Ich fühle, also bin ich“ für diesen Vorgang den schönen Begriff des „somatischen Markers“ geprägt. Dies will sagen, dass wir die unbewussten Bewertungen von Geschehnissen durch Amygdala und Nucleus accumbens nicht nur bewusst in rein kognitiver Weise erleben („Aha, das ist also eine furchterregende Kreuzotter!“). Sondern es kommen auch begleitende Gefühle – etwa Freude oder Furcht – in uns auf, die ihrerseits eng mit körperlichen („somatischen“) Reaktionen verbunden sind – etwa in Form von Jauchzen, Lachen, Zittern, Herzrasen usw. Wie gehört bindet der Hippocampus Inhalt und Gefühle zusammen und legt sie dann als Paket im Langzeitgedächtnis ab. Dies bewirkt nicht nur, dass manche von uns bereits bei der Vorstellung oder einem Foto einer Kreuzotter Furcht haben. Es bewirkt darüber hinaus auch, dass positive oder negative Gefühle, deren wahre Gründe uns verborgen sind, von uns automatisch mit bestimmten Inhalten in Verbindung gebracht werden, auch wenn eine solche Verbindung gar nicht besteht. Eine „freiflottierende“ Angst sucht dann ein passendes Objekt. So entstehen etwa hartnäckige Vorurteile, aber so kommt es auch zu der Suche nach Gründen für ein diffuses „schlechtes Gewissen“. (Wir hatten weiter oben gesagt, dass sich ein gläubiger Christ immer schuldig fühlt, auch wenn er gar nicht weiß, warum.)

Der genannte Bewertungsprozess nach „positiv" und „negativ" bildet nun die Grundlage der Verhaltenssteuerung, indem die Bewertung „positiv" in das Kommando „ Wiederholen!" und die Bewertung „negativ" in das Kommando „Vermeiden!" umgewandelt wird. Im ersteren Fall führt dies dazu, eine angenehme Wahrnehmung wieder stattfinden zu lassen (man schaut oder hört sich irgendetwas noch einmal an, man riecht noch einmal an der Rose). Man wiederholt eine Handlung, sucht wieder einen Ort oder eine Person auf usw. Im zweiten Fall führt dies dazu, dass man Wahrnehmungen oder Handlungen beendet oder vermeidet, bestimmte Orte oder Personen nicht mehr aufsucht oder weiträumig umgeht.

Bei jeder wiederholten Appetenz- und Aversionsreaktion werden wieder die Folgen bewertet: Ist X immer noch positiv zu bewerten, Y immer noch negativ? Es erfolgt dann eine Bekräftigung oder Abschwächung der entsprechenden Reaktion. Dies entspricht genau dem lerntheoretischen Schema der operanten Konditionierung, auch Verstärkungslernen genannt. So lernt ein kleines Kind, dass sein Lächeln von der Mutter mit Fürsorgeverhalten beantwortet wird, und die Mutter lernt, dass ihr Fürsorgeverhalten vom Kleinkind mit einem Lächeln belohnt wird. Dies hat die Säuglingsforscherin Mechthild Papousek „Engelskreis" genannt. Dieser entwickelt sich im Gegensatz zum „Teufelskreis", der entsteht, wenn entweder das positive Signal des Kindes nicht von der Mutter beantwortet oder deren positives Verhalten nicht vom Kind positiv beantwortet wird. So etwas passiert, wenn es sich um ein Kind mit einem schwierigen Temperament handelt, oder wenn die Mutter schwer traumatisiert oder depressiv ist. Dieser positive oder negative Kreisprozess dreht sich unaufhörlich bei jeder Kommunikation zwischen dem Kleinkind und den primären Bezugspersonen und schließt mit zunehmendem Alter des Kindes immer mehr Personen und Gelegenheiten ein.

Im Gehirn passiert dabei Folgendes: Für das Erlernen und Etablieren eines bestimmten Verhaltens braucht es einen erhöhten Ausstoß des Neuromodulators Dopamin im Zusammenhang mit der unbewussten oder bewussten Repräsentation einer Reaktion, die verstärkt werden soll. Dies geschieht über das Einwirken endogener Opioide auf hemmende Interneurone im VTA, die ihrerseits dortige dopaminerge Neurone hemmen. Durch die Hemmung dieser hemmenden Neurone, also einer „Enthemmung", werden die dopaminergen Neurone im VTA freigeschaltet und können über ihre weiterleitenden Axone den Nucleus accumbens, das ventrale Pallidum und andere verhaltensrelevante limbische Areale beeinflussen. Über diese Wirkung können die in Belohnungssituationen ausgeschütteten endogenen Opioide und Cannabinoide appetitives Verhalten auslösen. Aversive Reize wirken hingegen verstärkend auf die Interneurone ein, die dann die Aktivität dopaminerger Neurone noch stärker hemmen als vorher.

Nach einem von dem lange in der Schweiz tätigen Neurophysiologen Wolfram Schultz (vgl. SCHULTZ, 2007) und Kollegen entwickelten Modell signalisieren dopaminerge Neurone mit ihrer motivierenden Aktivität zwei unterschiedliche Typen von Reizen: Eine erste und schnelle Antwort erfolgt auf jegliche Art auffälliger Reize unabhängig von ihrem Belohnungscharakter, was die Aufmerksamkeit des Gehirns auf diese Reize lenkt; dies ähnelt stark der Reaktion der Amygdala. Es ist die Grundlage von Neugier für alles und jedes, die bei manchen Menschen sehr ausgeprägt ist.

Erst eine zweite, langsamere Antwort ist belohnungsspezifisch und signalisiert, ob eine bestimmte Belohnungserwartung sich erfüllt oder stärker bzw. schwächer ausfällt als erwartet. Normalerweise sind die dopaminergen Zellen gleichmäßig niederfrequent aktiv (dies nennt man tonische Aktivität). Der unerwartete Erhalt einer Belohnung wie etwa einer überraschenden Gehaltserhöhung führt zu einer zusätzlichen Salve von Aktionspotenzialen, d. h. zu einer phasischen Antwort. Erfahren wir, dass ein bestimmter Reiz immer einer Belohnung vorausgeht und sie somit vorhersagt, dann erfolgt die phasische Dopaminantwort bereits kurz nach dem ankündigenden Reiz, nicht aber zum Zeitpunkt der Belohnung.

So bedeutet in guten Zeiten eine Lohn- bzw. Gehaltsüberweisung am Ende des Monats für die meisten von uns keine Überraschung. Bleibt aber die Belohnung plötzlich aus (d. h. das Geld landet aus irgendwelchen Gründen nicht auf dem Konto), dann fällt die tonische Dopaminaktivität zur Zeit der ausbleibenden Belohnung unter das normale Niveau und manchmal sogar auf null. Katastrophenstimmung kann sich dann ausbreiten. Wir sehen daran, dass Dinge, die wir positiv oder negativ beachten, immer in einem bestimmten Sinne einigermaßen unerwartet sein müssen. Was wie erwartet eintritt, nehmen wir kaum mehr wahr. Dies ist so, weil es dem Gehirn sehr viel Arbeit und Energie erspart, denn Aufmerksamkeit ist stoffwechselphysiologisch sehr teuer. Aber es verdirbt uns auch den Spaß an manchen Dingen!

Konflikte zwischen unbewussten Motiven und bewussten Zielen

Unterschiede in der Entwicklung der psychoneuralen Grundsysteme können zu erheblichen Störungen des Fühlens, Denkens und Handelns einer Person und damit zu innerpsychischen Konflikten führen. Innerhalb der menschlichen Psyche finden wir auf der unteren limbischen Ebene *strukturell-affektive* Konflikte, die zum beträchtlichen Teil bereits im Temperament eines Menschen verankert sind. Klassisch ist der tiefe Konflikt zwischen Autonomie und Bindung, Schutz und Erkundung, Ruhe und Aufregung und damit eine tief verankerte Ursache für schlechtes Gewissen.

Diese Konflikte erreichen auch die mittlere limbische Ebene, wenn es um die Bedürfnisse des Säuglings bzw. Kleinkindes und den Interessen der Eltern, dem Drang nach Nähe und der Abwehr der Fürsorge der Eltern geht. Nicht umsonst spricht man von einem Machtkampf zwischen Kleinkind und Eltern. Das Kind selber schwankt oft zwischen dem Bedürfnis nach Schutz und dem Drang, seine Welt zu erkunden, dem Wohlgefühl der völligen Versorgung und dem Streben nach Autonomie, aber auch zwischen der Müdigkeit und dem Drang, noch aufzubleiben.

Auf oberer limbischer Ebene kann es zu bewussten Konflikten zwischen individuellen und sozialen Motiven kommen: zwischen Eigennutz und Fremdnutz, Dominanz und Unterwerfung, Führungsdrang und Teamgeist, Selbstwertgefühl und Rücksichtnahme auf die Interessen der anderen, Stabilität versus Veränderung, Selbstüberschätzung und Minderwertigkeitsgefühl, Machtrausch und Ohnmachtsgefühlen, Sicherheit versus Aufregung und natürlich zwischen rationaler Einsicht und drängenden Gefühlen.

Solche Gefühle äußern sich auf drei Ebenen, nämlich der Ebene der subjektiven Befindlichkeit, der Ebene des Verhaltens und der Ebene der Körperlichkeit. Konflikte äußern sich zum Beispiel in emotionaler

Unruhe, in dem Gefühl der Zerrissenheit und der Vergeblichkeit eigenen Tuns, in dem Gefühl, auf der Verliererseite zu sein und von allen abgelehnt zu werden, in Niedergeschlagenheit oder Burnout und sind meist der Grund, einen Psychotherapeuten oder einen Coach aufzusuchen. Menschen versuchen auch oft, durch Alkohol und Drogen diesen Gefühlen zu entgehen.

Auf der Ebene des Verhaltens äußern sich die genannten Konflikte entweder in einem Hin und Her von Entscheidungen und Handlungsweisen, blindem Aktionismus und Apathie, oder es entwickeln sich Vermeidungsstrategien. So geht man dem Konflikt zwischen den tiefen persönlichen Interessen und den Anforderungen des eigenen Berufs durch Minderleistungen, Opposition, Sabotage oder Krankmeldung aus dem Weg, dem Konflikt zwischen der eigenen Meinung und derjenigen des Vorgesetzten durch Heuchelei oder vollkommene Unterwerfung, dem Konflikt zwischen Einkaufen wollen und einer Schwellenangst gegenüber dem Supermarkt durch großräumiges Umgehen. Dem Konflikt zwischen erhöhtem Selbstanspruch und Furcht vor dem Scheitern entgeht man durch gewagte Projekte, bei denen man das eigene Scheitern dann gut erklären kann – man habe sich eben zu viel vorgenommen!

Auf der Ebene der Körperlichkeit kommt es situationsbedingt zu Verkrampfungen und Verspannungen, unsteter Blicksteuerung, maskenhafter oder übertriebener Mimik und Gestik, Sprachbehinderungen und starken vegetativen Reaktionen wie Schweißausbrüchen, Zittern, Erröten, Erblassen usw. Diese körperlichen Symptome können auch andauern, wenn die Störungen der Befindlichkeit dank einer guten Psychotherapie oder von selbst verschwunden sind.

Schlechte Gewohnheiten und ihre Veränderbarkeit

Einer der häufigsten Anlässe für schlechtes Gewissen sind „schlechte" Gewohnheiten, die wir ablegen wollen, aber nicht können. Prominentestes Beispiel hierfür ist das von Maja Storch im vorhergehenden und nachfolgenden Kapitel ausführlich diskutierte Rauchen ihres Freundes Josef. Welcher Raucher hat nicht schon versucht, davon loszukommen – meist ohne Erfolg. Was hat es dabei mit Gewohnheiten auf sich?

Die Ausbildung von Gewohnheiten ist eine Grundtendenz unserer Psyche und unseres Gehirns, denn ohne sie könnten wir gar nicht überleben. Die Gründe hierfür liegen auf der Hand. Jede *neue* und *wichtige* Situation, mit der wir nach Prüfung durch unser Unbewusstes konfrontiert werden, muss aufmerksam wahrgenommen und beurteilt werden. Das braucht Zeit, manchmal Minuten oder noch mehr, und unser Gehirn muss angestrengt arbeiten, um die Sachlage zu erfassen und das Ergebnis mit den bisherigen Erfahrungen abzugleichen. Das Ergebnis dieses Abgleichs wird dann im Gedächtnis abgespeichert. All das erfordert synaptische Umverknüpfungen zwischen den beteiligten Nervenzellen und kostet richtig viel Stoffwechselenergie (Zucker) und Sauerstoff, was wir als Anstrengung erleben. Alle neuen Verhaltensweisen sind zudem mit der Gefahr des Scheiterns verbunden und benötigen deshalb eine ausreichende Berechnung der Chancen und Risiken, und zwar umso mehr, je komplexer die neue Situation ist.

Das Gehirn versucht deshalb, auf vorhandene Wahrnehmungs- und Deutungsschemata zurückzugreifen, also festzustellen: „Das kenne ich schon!", anstatt Gegebenheiten in unserer Umwelt Pixel für Pixel abzuscannen. Hat das Gehirn immer mehr solcher Schemata entwickelt, kann es in kürzester Zeit komplexe Sachverhalte „auf einen Blick" erkennen. Dasselbe passiert bei Verhaltensentscheidungen, wo es dann heißt: „Das kenne ich, darauf habe ich so und so reagiert, und das hat sich bewährt!" Bewährt sich die Verhaltensentscheidung erneut, so verfestigt sich das Verhaltensschema immer weiter, bis wir die Welt gar nicht mehr anders sehen und in einer bestimmten Situation gar nicht mehr anders reagieren.

Beim Erlernen einer neuen Verhaltensweise, z. B. der Ausführung einer komplizierten Bewegung wie einer neuen Passage auf dem Klavier oder auf der Orgel, geht es erst einmal langsam und holprig zu. Mit zunehmender Übung verfestigten sich bestimmte Verknüpfungen immer stärker, und die meisten jetzt überflüssigen Verknüpfungen werden abgebaut. Das riesige Netzwerk der Bewegungssteuerung umfasst anfangs den assoziativen, sekundären und primären motorischen Cortex, das Kleinhirn und die Basalganglien (vornehmlich das Striato-Pallidum). Dann verlagert sich die Hauptaktivität immer weiter weg von den bewusstseinsfähigen assoziativen und dann auch den sekundären motorischen Arealen in den primären motorischen Cortex, der für Feinbewegungen notwendig ist. Gleichzeitig verlagert sie sich in das Kleinhirn zur Steuerung der zeitlichen Abfolge und in das Striato-Pallidum, wo sich zunehmend kleinere Netzwerke für eine bestimmte Bewegung ausbilden. Alles geht jetzt schneller und effektiver. Bald läuft alles wie von selbst ab, wenn wir nur das Startsignal dazu geben, z. B. auf das Notenblatt vor uns schauen. Der gute Klavierspieler muss auch das bald nicht mehr tun, sondern spielt das Stück auswendig herunter, ohne auf seine Finger zu achten – bzw. tun das primärer Motorcortex, Basalganglien und Kleinhirn für ihn.

Dies gilt für alles, was das Gehirn tut, d. h. nicht nur für Bewegungen und Wahrnehmungen, sondern auch Denk-, Fühl-, Vorstellungs- und Erinnerungsprozesse. Alles wird automatisiert und routinisiert, wird also zur Gewohnheit. Der Endpunkt ist dann erreicht, wenn sogar die Auslösesituation mit routinisiert wird: Sobald wir in einer bestimmten Situation sind, nehmen wir nicht nur Dinge in einer vorgefertigten Weise wahr, sondern wir denken, fühlen, erinnern uns in vorgefertigter Weise – wir haben sprichwörtlich ein *Vorurteil*! So sagen wir schließlich: „Wenn ich das und das wahrnehme, dann denke ich sofort an..." Oder: „Wenn ich X nur sehe, wird mir gleich schlecht!"

Das ist für das Gehirn und für unser tägliches Leben so vorteilhaft, wie es für Veränderungen schlecht ist. Die Vorteile sind klar: mindestens 99 Prozent aller Handlungen und Bewegungen pro Tag führen wir ziemlich oder hochgradig automatisiert aus; wir könnten unseren Alltag gar nicht bewältigen, wenn wir uns auf alles konzentrierten müssten, was wir tun! Die Nachteile sind nicht so klar, und wir bemerken sie erst, wenn wir umlernen müssen. Manche Dinge gewöhnen wir uns nur mühsam ab, und das auch nur mit hoher Konzentration. Sobald wir nicht achtgeben, fallen wir in die früheren Gewohnheiten zurück. Wenn wir etwa tief in Gedanken sind, dann verfallen wir bei bestimmten motorischen Aufgaben in Gewohnheiten, die nicht mehr aktuell sind: Ich greife bei der morgendlichen Teezubereitung nach der Teedose in eine Richtung, die mal vor dem Umzug stimmte, der aber schon Jahre zurückliegt.

Gewohnheiten sind immer *situations-* bzw. *kontextgebunden*! Es wäre unsinnig, Gewohnheiten in beliebigen Situationen auszuführen, sondern sie sollen ja einem bestimmten Zweck in einer bestimmten Situation dienen. Zusammen mit der bestimmten Gewohnheit gräbt sich auch der Kontext ein, in dem der gewohnte Ablauf stattfinden soll. Das morgendliche Eintreten in meine Küche ist so ein Kontext, der mich veranlasst, routinemäßig vorzugehen, d.h. Wasser aufzusetzen, die Teedose zu ergreifen, die Teefiltertüte zu füllen usw. Dabei höre ich Nachrichten, und je abgelenkter ich dadurch bin, desto tiefer fallen meine motorischen Abläufe in ihrer Hierarchie (siehe oben). Ähnliches geschieht bei vielen Rauchern: Zusammen mit der Suchtentwicklung ist die Kontextabhängigkeit des Rauchens das größte Hindernis gegen das Abgewöhnen. Zum einen bedeutet dies eine emotionale Kontextabhängigkeit: Mein Körper und mein Gehirn haben gelernt, dass die Einnahme von Nikotin eine vorübergehend positive Wirkung auf meine Konzentration und meine Stimmung hat, und je schlechter es mit der Konzentration und der Stimmung steht, desto stärker wird die Sucht nach Nikotin und Rauchen („Jetzt muss ich erst einmal eine rauchen!"). Ähnlich ist es bei Belastungen mit dem Griff nach der Flasche bzw. dem Glas Wein, aber auch in die Pralinenschachtel. All dies wird meist unglaublich automatisiert bzw. reflexartig, wird kaum mehr wahrgenommen und ist deshalb auch so schwierig zu ändern.

Das zweite ist der räumliche bzw. räumlich-soziale Kontext. Der heute vielfach gescholtene Raucher lässt zwar nicht das Rauchen, begibt sich aber an einen bestimmten Ort, im Betrieb in die Raucherecke oder im Fall des Rauchers Josef auf den Balkon. Der vorübergehend angenehme Zustand des Rauchens wird vom Organisator unseres Gedächtnisses, dem Hippocampus, fast unabtrennbar mit diesem Ort verbunden, und wie automatisch erfolgt zusammen mit dem Betreten des Balkons der Griff zur Zigarette und umgekehrt. Die Anwesenheit lieber Freunde in meiner Wohnung, die sich auf den Sitzgelegenheiten des Wohnzimmers breit gemacht haben, lassen automatisch in mir die Frage entstehen: „Was möchtet ihr denn trinken?" Ein abendliches Zusammensein ohne Rauchen, das früher undenkbar erschien, gibt es inzwischen ja häufiger, aber ganz ohne Alkohol wird so etwas immer noch als überraschend empfunden. Es kommt dabei nicht nur auf die vorübergehend lockernde Wirkung des Alkohols an, sondern auch auf die Kontext-Konditionierung von Geselligkeit und Alkohol, die nicht umsonst in nahezu allen Kulturen der Welt zu finden ist (statt Alkohol kann es auch Tee oder Kaffee sein).

Typisch für diese Situationen ist, dass sie wie gewohnt ablaufen, auch wenn man sich stark vorgenommen hat, in der Abendgesellschaft nichts zu trinken, etwa weil man unbedingt vom Alkohol loskommen oder noch Autofahren muss. Leider hilft diese feste Absicht häufig nichts, weil – wie oben geschildert – die Basalganglien für Einsicht und gute Vorsätze, die ja aus der Großhirnrinde kommen, wenig empfänglich sind. Bei jedem Entzugsversuch von Alkohol oder Nikotin heißt es deshalb: Baue nicht auf deine Widerstandskraft, so lange du Alkohol oder Zigaretten noch zu Hause hast! Geh einfach nicht zu Abendgesellschaften, in denen fröhlich gezecht wird!

Für eine Veränderung des Verhaltens muss diese Kontextkonditionierung aufgebrochen werden. Das kann in den genannten Fällen auf zwei Weisen geschehen: Man sucht den Ort bzw. den Kontext nicht mehr auf, der mit der schlechten Gewohnheit per Konditionierung fest verbunden ist. Das mag aber oft schwierig sein, denn man möchte doch gern wieder auf den Balkon treten oder die interessante Abendgesellschaft nicht missen. Dann muss man nach Ersatzhandlungen suchen, d.h. statt des automatischen Griffs nach der Zigarette etwas anderes Schönes tun – zum Beispiel wie Josef per tiefem Atemzug die frische Luft oder die schöne Aussicht genießen oder in der Abendgesellschaft ein alkoholfreies Getränk verlangen. Der Trick ist, die mit dem Ort bzw. der Situation gekoppelte Handlung verändern, anstatt – was viel schwieriger ist – den Ort oder die Situation ganz zu vermeiden. Aber auch die Ersatzhandlung, die ja in gewissem Sinne bereits eine „Triebabfuhr“ bereitstellt, muss geduldig eingeübt werden, bis man aus neuer Gewohnheit heraus beim Betreten des Balkons „automatisch“ tief durchatmet (und den Griff nach der Zigarette vergisst) und der aufmerksame Gastgeber einem ungefragt ein alkoholfreies Getränk hinstellt, das einem eine motorische Triebabfuhr ermöglicht. Man muss eben die schlechten Gewohnheiten durch neutrale oder gar gute neue Gewohnheiten ersetzen.

Fazit

Die wichtigste Einsicht ist, dass unser gesamtes biologisch-psychisches Leben unvermeidlich konflikthaft ist und es darauf ankommt zu lernen, wie wir mit diesen Konflikten auf eine erträgliche Weise umgehen. Das schlechte Gewissen ist hierbei ein guter ebenso wie ein schlechter Ratgeber – das ist das Problem!

Das Verhalten des Menschen wird einerseits von seinen biologischen Bedürfnissen und seinem bei Geburt vorhandenen bzw. bald nach der Geburt sichtbar werdenden Temperament beeinflusst, das genetisch, epigenetisch sowie durch vorgeburtliche und geburtliche Faktoren bestimmt wird. Andererseits wirken sich die Erfahrungen aus, die das Kind und der Jugendliche im Rahmen der Sozialisation machen. Hierbei bildet sich das Verhältnis zwischen den egozentrierten Bedürfnissen, dem Streben nach Autonomie und den Geboten und Verboten der Gesellschaft aus. Das oft antagonistische Verhältnis von Autonomie und Bindung bildet den Grundkonflikt unserer Persönlichkeit und damit die Grundlage des Gewissens, einschließlich des schlechten Gewissens. Ob eine Person mehrheitlich den Geboten und Verboten der Gesellschaft folgt oder sie missachtet und ob sie dabei ein schlechtes Gewissen hat oder nicht, hängt ganz wesentlich vom Temperament und der Persönlichkeit ab. Temperament und Persönlichkeit wiederum sind von der hochindividuellen Ausbildung der psychoneuralen Grundsysteme und ihrer Beziehung zueinander bestimmt.

So erklärt sich neurobiologisch, dass es Menschen gibt, die ohne jegliche Gewissensbisse Gräueltaten begehen und dies sogar genießen, und dass andere sich bereits wegen ihrer bloßen Existenz schuldig fühlen und sich ein Leben lang mit einem schlechten Gewissen herumplagen. Jedes Gefühl in uns will einen Grund haben, und unsere Psyche und unser Gehirn suchen dann irgendeinen Grund. Deshalb musste es für den Umstand, dass es uns kurzfristig oder auch für längere Zeit schlecht geht, einen Grund geben, und das konnten nur unsere zahlreichen Verfehlungen gegen die Normen und Gebote sein – seien sie göttlicher oder irdischer Natur.

Schlussendlich haben wir gelernt, dass schlechtes Gewissen oft dadurch entsteht, dass man trotz besseren Wissens von schlechten Gewohnheiten nicht loskommt. Und wir haben gelernt, dass man, statt vornehmlich auf Einsicht zu setzen, schlechte Gewohnheiten besser mit dem Einüben alternativer, hoffentlich besserer Gewohnheiten bekämpft. Eine Handlung anders auszuführen ist leichter als sie ganz zu unterdrücken!

Maßnahmen gegen das schlechte Gewissen

Maja Storch

Zuletzt hat uns Gerhard Roth ausführlich erklärt, aus was für Komponenten sich ein schlechtes Gewissen zusammensetzt, und eines ist sicher, wenn man sein Kapitel gelesen hat: Man hat begriffen, warum dieses SG so eine hartnäckige Angelegenheit ist. Es setzt sich aus vielen verschiedenen Elementen des psychischen Systems zusammen, dem auch verschiedene Areale des menschlichen Gehirns entsprechen. Wenn es mir gelungen ist, ein Zipfelchen vom SG zu erhaschen und daran zu arbeiten, heißt das noch lange nicht, dass ich alle Komponenten, die als Ursache in Frage kommen, auch im Griff habe. Als eine erste wichtige Erkenntnis können wir darum verbuchen: Das schlechte Gewissen ist eine äußerst komplexe Angelegenheit, darum kann es auch so hartnäckig sein. Wann immer man sich aufmacht, entweder für sich selbst oder als Profi für einen anderen Menschen an einem SG zu arbeiten, ist es darum am besten, sich mit viel Geduld auf den Weg zu machen. Falls die Maßnahmen nicht auf Anhieb klappen, ist dies kein Grund zu verzagen, denn schwierige Angelegenheiten erfordern oft einen langen Atem. Rom wurde auch nicht an einem Tag erbaut.

Trotzdem haben wir etliche Wegweiser, mit denen wir an einem SG arbeiten können. Ich möchte im Folgenden einige Wegweiser besprechen. Ich orientiere mich dabei an den Fallbeispielen, die ich im Eingangskapitel vorgestellt habe. Anhand dieser Beispiele lässt sich gut erläutern, wie sich die neurobiologischen Erkenntnisse von Gerhard Roth in praktische Maßnahmen umsetzen lassen. Ich beginne mit Gabriela, die mit dem schlechten Gewissen wegen ihrer Schwester zu kämpfen hatte.

Gabriela und ihre Schwester

Zur Erinnerung: Gabriela hatte ein schlechtes Gewissen wegen ihrer Schwester, das ihr definitiv nichts weiter als lästig war. Sie wollte diese Gefühlslage einfach nur weghaben und in den schwesterfreien Zeiten nicht von dem SG-Tinnitus gequält werden. Nach allem, was wir aus dem Kapitel von Gerhard Roth wissen, hat Gabriela hier mit dem Problem zu kämpfen, dass das schlechte Gewissen auf den limbischen Ebenen angesiedelt ist. Diese Ebenen sind durch Verstandestätigkeit überhaupt nicht zu beeindrucken. Egal, wie oft man sich sagt, dass das schlechte Gewissen völlig fehl am Platze ist, die limbischen Ebenen sind weiter aktiv und gehen mit großer Zuverlässigkeit ihrer Arbeit nach. Wenn nur andere Dinge im täglichen Leben so gut und zuverlässig klappen würden wie die Produktion von schlechtem Gewissen, dann wären wir alle glücklich und erfolgreich.

Aus der Perspektive der sechs psychoneuralen Grundsysteme, die Gerhard Roth beschrieben hat, braucht Gabriela drei Komponenten:

1. Das **Stresssystem** muss heruntergefahren werden, die Produktion des Stresshormons Cortisol muss gestoppt werden.
2. Das **Beruhigungssystem** muss hochgefahren werden, das Beruhigungshormon Serotonin muss produziert werden.
3. Das **Beziehungssystem** muss aktiviert werden, das Bindungshormon Oxytocin muss produziert werden.

Sollte aus den verschiedenen hormonellen Komponenten ein Drink gemixt werden, lassen sich die Zutaten für einen SG-Cocktail und einen SG-Heiltrank ganz übersichtlich darstellen.

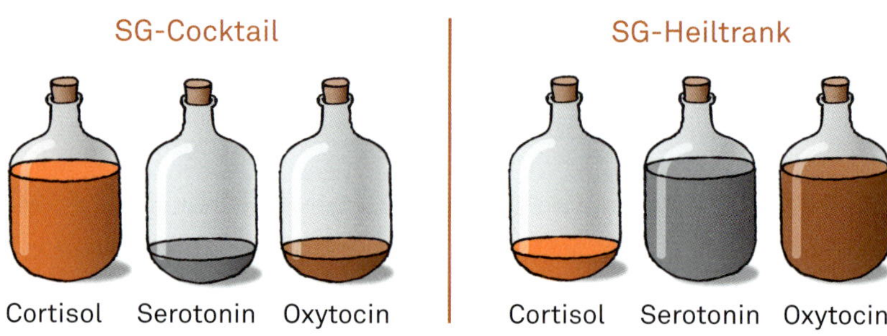

An dieser Stelle taucht normalerweise eine inhaltliche Frage bezüglich des SG-Heiltrankes auf. Während die Komponenten 1 (weniger Stress durch weniger Cortisol) und 2 (mehr Gelassenheit durch mehr Serotonin) ziemlich klar zu verstehen sind, fragt man sich bei Komponente 3 (mehr kuschelige Geborgenheit durch mehr Oxytocin): Mit wem soll Gabriela denn kuscheln? Zu wem soll sie eine geborgene Beziehung haben? Zur Schwester will sie ja gerade keine, sie möchte die Schwester ja eher aus ihren Gedanken verbannen. Die Antwort auf diese berechtigte Frage erfolgt psychologisch: Es handelt sich hier um Selbstliebe, die Gabriela aktivieren muss. Sie muss mit sich selber kuscheln. Sie muss sich selber in die Arme schließen und gern haben, auch wenn sie etwas tut, was nicht der sozialen Norm und den Wünschen ihrer Schwester entspricht. Das ist die Kunst.

„Haha, das sagt sich so leicht, sich selber lieben, auch wenn man nicht der Norm entspricht“, wird man einwenden wollen und zwar zu Recht. Diese Sache mit „sich selbst lieben“ ist in der Tat ganz einfach dahingesagt, und vermutlich haben viele der Lesenden solche oder ähnliche Sprüche auch schon einmal gehört. Mit großer Wahrscheinlichkeit waren sie, was die Aktivität des SG betrifft, nicht von Erfolg gekrönt. In diese Kategorie der überflüssigen klugen Sprüche gehören übrigens auch „Du musst eben loslassen lernen“, „Du musst dich halt besser abgrenzen“ oder „Nimm es doch als Herausforderung“. Außer den dringenden Wunsch, dem Gegenüber das Nasenbein für dieses altkluge Gebaren zu brechen, hinterlässt solch ein Spruch normalerweise keine affektive Resonanz, die man für das SG nutzen könnte.

In der Tat stehen wir hier an einem Punkt der Affektregulation, der vertieftes Wissen erfordert, um erfolgreich damit umgehen zu können. Man muss sich zu Beginn dieser Thematik noch einmal ganz klar vor Augen halten, was Gerhard Roth immer und immer wieder betont: Für das SG sind zu großen Teilen die limbischen Ebenen verantwortlich. Und auf die limbischen Ebenen – mit anderen Worten, auf unser Unbewusstes – haben wir durch den Verstand so gut wie keinen Zugriff. Methodisch gesehen heißt das: Wir müssen Systeme des Gehirns erreichen, die für den Verstand schwer bis gar nicht beeinflussbar sind. Soll das SG jedoch zum Schweigen gebracht werden, muss man genau dorthin, wo der Verstand keinen Zugang hat.

Das ist eine richtig vertrackte Situation, nicht wahr? Wir brauchen ein passendes Transportmedium, um ins Unbewusste zu gelangen. Ich kann nicht mit einem Flugzeug versuchen, eine Tiefseeexpedition zu starten. Oder sagen wir mal so: Versuchen kann ich es, aber der Erfolg ist zweifelhaft. Um in die Tiefsee zu kommen, brauche ich ein gutes U-Boot als Transportmedium. Was für ein U-Boot haben wir also im Fall der Affektregulation eines schlechten Gewissens zur Verfügung?

Die Antwort mag zunächst ungewöhnlich erscheinen, aber man kann den Effekt so gut spüren, dass bald verständlich wird, was ich meine: Unser U-Boot besteht aus Bildern. Während es zwischen Verstand und Unbewusstem keine gute direkte Verbindung gibt, können Bilder dazu dienen, eine Verbindung zwischen diesen beiden Bereichen herzustellen. Bilder werden vom Verstand mit Worten erfasst und vom Unbewussten in körperliche Empfindungen übersetzt. Auf diese Art bekommt man die Verbindung hin. In der Computerterminologie würde man sagen: Bilder sind die USB-Schnittstelle zwischen Verstand und Unbewusstem.

Ein kleiner theoretischer Exkurs sei an dieser Stelle noch eingeschoben: Den aufmerksamen Lesenden ist sicher nicht entgangen, dass Gerhard Roth zwischen mehreren limbischen Ebenen sowie zwischen einem Unbewussten und einem Vorbewussten differenziert. Ich spreche hingegen in diesem Kapitel nur von einem Unbewussten als Gegensatz zum Verstand. Wie passt dies zusammen? Die Differenzierung von

Gerhard Roth teile ich inhaltlich. Jedoch habe ich mich entschlossen, sie für den Praxisteil nicht zu benutzen, weil sie hier nicht benötigt wird. Die Sachlage mit dem schlechten Gewissen ist ohnehin kompliziert genug, und jede Vereinfachung der Thematik trägt dazu bei, besser den Überblick zu behalten. Für unsere Zwecke im Praxisteil genügt es völlig, von zwei Bereichen zu sprechen, nämlich dem Verstand und dem Unbewussten. Damit können wir methodisch alles erklären, was wir brauchen.

Gabriela braucht jetzt also ein Bild, mit dem dargestellt wird, was sie gerne tun will, statt sich überflüssigerweise zu grämen. Einen wichtigen Punkt gibt es bei der Wahl des Bildes zu beachten: Man sollte nach etwas suchen, das darstellt, was man gerne hätte. Warnung: Es ist dringend zu vermeiden, nach einem Bild zu suchen, das die eigene verzweifelte Lage darstellt. Warum ist das so?

Wenn es so ist, dass sämtliche Informationen im Gehirn in Form von Verbindungen zwischen Nervenzellen niedergelegt sind, geht es beim Deaktivieren des SG letztendlich darum, ein bisher viel benutztes Netzwerk von Nervenzellen eben nicht mehr zu benutzen. Wird ein Bild gesucht, das die eigene verzweifelte Lage darstellt, geschieht aus neurobiologischer Sicht nichts Neues. Es wird lediglich – wie immer – das alte neuronale Netzwerk aufgerufen, und das klappt ja bereits schon lange Jahre ganz prima.

So ein Bild brauchen wir nicht!

Beabsichtigt ist aus neurobiologischer Sicht etwas ganz anderes, nämlich der Aufbau einer neuen Verbindung im Gehirn, die eine alternative Stimmungslage ermöglicht. Man sucht also nach einem Bild, das eine Ressource darstellen kann. Diese Ressource wird anschließend durch häufige Benutzung immer besser im Gehirn niedergeschrieben: Sie wird gelernt. Und sie wird im Lauf der Zeit immer besser und leichter aktivierbar werden. Wie zuverlässig ein alternatives, wohltuendes neuronales Netzwerk aktiviert werden kann, hat jedoch immer auch damit zu tun, wie intensiv die neue Verbindung der Nervenzellen genutzt wird. Das läuft im Gehirn auf dieselbe Weise ab wie beim Erlernen einer As-Dur-Tonleiter auf dem Klavier, beim Einüben von französischer Konversation oder beim Gespür für den perfekten Garpunkt des Fleisches beim Grillen: Übung macht den Meister und die Meisterin!

Wo bekommen Sie Bilder her? Eine Möglichkeit ist, auf das kostenfreie Online-Tool des Zürcher Ressourcen Modells zu gehen, die Homepage kann unter www.zrm.ch aufgerufen werden. Dort ist eine schöne Auswahl an Ressourcenbildern bereits vorhanden. Die andere Möglichkeit wäre, auf eigene Einfälle zu vertrauen. Die kommen oftmals ganz schnell und blitzartig und ohne langes Grübeln. Je schneller und einfacher einem Ideen einfallen, desto sicherer kann man sein, dass man das Unbewusste angesprochen hat. Bei Gabriela war das der Fall.

„Ich möchte mich gerne in meiner Freizeit fühlen können wie mein Hund Theodor!“, ruft sie begeistert. „Wie oft habe ich Theodor schon dafür beneidet, dass der so prächtig abschalten kann. Der legt sich hin und lässt die Welt hinter sich. Er pennt einfach und schmatzt ab und zu genüsslich. Manchmal zuckt ein Bein, dann stelle ich mir vor, dass er im Traum mit seiner Hundefreundin Cinderella spielt. Der weiß, wie man chillt, mein Theodor!“

Wie zum Beweis zückt Gabriela ihr Handy und zeigt mir jede Menge Chill-Bilder von Theodor. Als hätte sie die ganze Zeit geahnt, dass dieser Anblick für sie eine enorme Ressource darstellt, hat sie schon viele Fotos vom schlafenden Theodor gesammelt. Das ist klasse, denn so kann sie schon auf einen richtigen Vorrat an Erinnerungshilfen zugreifen.

Er ist aber auch wirklich herzallerliebst, der Theodor, wie er sich so in die Kissen seiner Menschenfamilie kuschelt und sich der Ruhe hingibt. Wenn wir uns noch mal das Rezept für einen SG-Heiltrank anschauen, dann hat Theodor einen großen Schluck davon intus. Das Stresshormon Cortisol ist auf einem Minimum. Serotonin, und damit Ruhe und Gelassenheit, ist jede Menge vorhanden. Und das Kuschelhormon Oxytocin führt sich das schlaue Tier zu, indem es sich in das Ehebett legt und sich so mit dem Geruch seiner Menschen umgibt. So macht das ein Chill-Profi!

Nachdem Gabriela nun ein fabelhaftes Bild gefunden hat, mit dem für das Unbewusste verständlich ausgedrückt wird, was für eine Verfassung Gabriela gerne haben möchte, kann mit einem weitere Vertiefungsschritt gearbeitet werden. Dieser Schritt wird als „Embodiment" bezeichnet. Embodiment ist ein Wort aus dem angloamerikanischen Sprachraum und heißt übersetzt „Verkörperung". Beim Embodiment geht es darum, sich eine Absicht, eine Ressource oder gut gewählte Worte im wahrsten Sinne des Wortes „einzuverleiben". Durch den Vorgang des Embodiment ist die untere limbische Ebene gut erreichbar. Was verbale Sprache nicht schafft, das kann Embodiment bewirken. Die Sprache, die die untere limbische Ebene versteht, ist der körperliche Ausdruck. Wie hat man sich diesen Vorgang der Einverleibung vorzustellen?

Das Somatogramm

Am einfachsten lässt sich Embodiment durch eine Visualisierungshilfe erklären. Im Rahmen der methodischen Entwicklungen des Zürcher Ressourcen Modells haben wir hierfür die Technik des Somatogramms entwickelt. In ein Somatogramm wird Körpergeschehen eingezeichnet. Das kann mit Farbstift geschehen, es genügt aber auch ein Bleistift oder ein Kugelschreiber. Wesentlich beim Ausfüllen des Somatogramms ist, dass man Vorgänge, die normalerweise im Körper ablaufen, sichtbar macht. Durch die bildliche Darstellung von Körpergeschehen im Somatogramm bekommt der Verstand eine Hilfe, um nachzuvollziehen, was in der Kommunikation mit dem wortlosen Untergrund im limbischen System gerade vor sich geht.

Gabriela zeichnet zunächst ein Somatogramm vom Schwester-SG. Während ich bei der Bilderwahl dringend angemahnt hatte, ressourcenorientierte Bilder zu suchen und nicht die aktuelle Problematik zu bebildern, kann man beim Embodiment mit der Darstellung der unerwünschten Verfassung beginnen. Das ist deshalb möglich, weil eine Ressource ja schon vorhanden ist, als sichere Basis sozusagen. Theodor wurde schon als Ressource entdeckt, und auf ihn kann Gabriela jetzt zuverlässig immer wieder zurückkommen. Wenn Gabriela jetzt ein Somatogramm von ihrem Schwester-SG zeichnet, dann dient ihr dieses Somatogramm als Vergleichsbasis, um das Embodiment von Theodor deutlich nachvollziehbar herauszuarbeiten.

Gabrielas Somatogramm vom Schwester-SG

„Also, wenn ich an das schlechte Gewissen wegen meiner einsamen Schwester denke, dann sammelt sich ein wolkiges Grau um meinen Kopf. Der Blick geht nach unten. Mein Gesichtsfeld ist eingeengt, ich nehme kaum noch etwas wahr. Ich seufze und atme hörbar aus, so eine ‚oh-nee'-Stimmung breitet sich aus. Mein Atem stoppt im Thorax und bleibt dort irgendwie stecken. Das Schlimmste ist aber die tonnenschwere Halskrause um den Hals herum und am Kehlkopf. Ich fühle mich wie gefangen. Im Brustkorb habe ich eine zehn Kilogramm schwere Eisenkugel, die mich runterzieht."

Oh weh, das ist ja grässlich, das hört sich an wie Folter. So eine körperliche Verfassung braucht wirklich niemand.

Darum bitte ich Gabriela, sich ein paarmal zu schütteln, wie ihr Theodor, wenn er nass geworden ist, und sich so das Schwester-SG wie Regenwasser vom Körper abzuschütteln. Es wird höchste Zeit für ein Theodor-Somatogramm. Jetzt explorieren wir, welche Veränderungen sich im Körpererleben ergeben, wenn Gabriela ein Embodiment von Theodor macht.

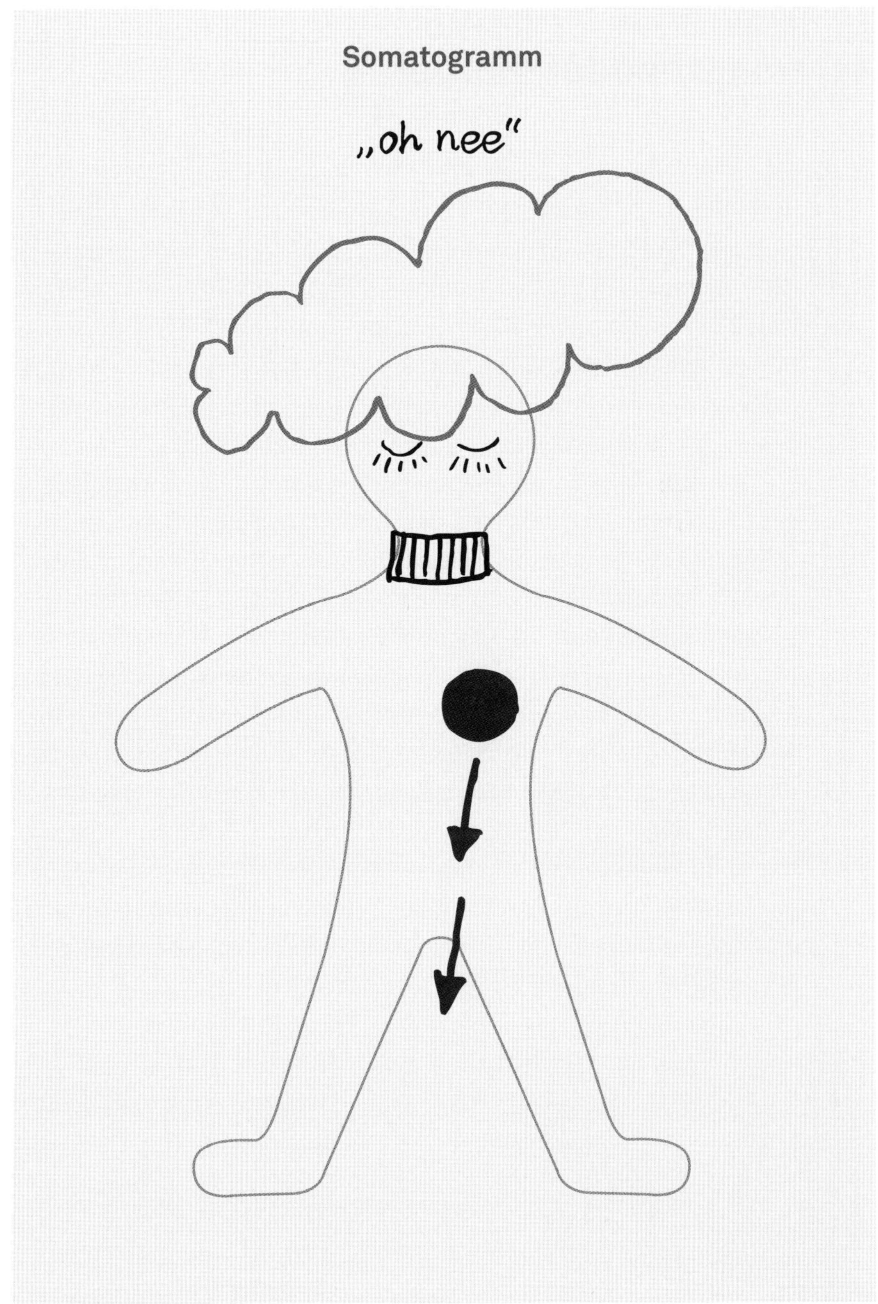
Somatogramm
„oh nee"

Gabrielas Somatogramm vom Theodor-Körper

Zum Theodor-Embodiment gehört erleichtertes Ausatmen und ein wohliger Summton – mmmmmmh, der in ihr weiterklingt, auch wenn Gabriela aufgehört hat zu summen. Im Bauch hat sie ein wohliges Gefühl, das sich spiralig dreht wie bei einem Tanz. Das Gefühl hat die Farben pink und orange und bewegt sich im Dreivierteltakt. Gabrielas ganzer Körper wird weich, auf dem Gesicht breitet sich ein Lächeln aus, und ihr Becken bewegt sich wie eine Schiffschaukel.

Ein ganz fabelhaftes Theodor-Embodiment hat Gabriela sich da gezaubert! Die Technik, mit der sie jetzt arbeiten kann, um das Schwester-SG zum Verblassen zu bringen, wenn es wieder einmal ihren Familienfrieden stören möchte, besteht darin, im Körper all das zu mobilisieren, was das Theodor-Embodiment erbracht hat: sich wiegen im Dreivierteltakt und die pink-orangene Farbwelt im Körper lebendig werden lassen. Es spricht überhaupt nichts dagegen, sich auch eine entsprechende Musik zu suchen, das erleichtert es auf jeden Fall, Affekte zu regulieren. Über den Verstand haben wir nur wenig Zugriff auf die limbischen Ebenen, über den Körper jedoch schon. Gabriela muss ihr Embodiment verändern, wenn sie das Schwester-SG aus ihrem Alltag vertreiben will. Dieses Wissen erlaubt es, durchaus mit einigem Optimismus an die anspruchsvolle Aufgabe heranzugehen, ein schlechtes Gewissen in den Griff zu kriegen.

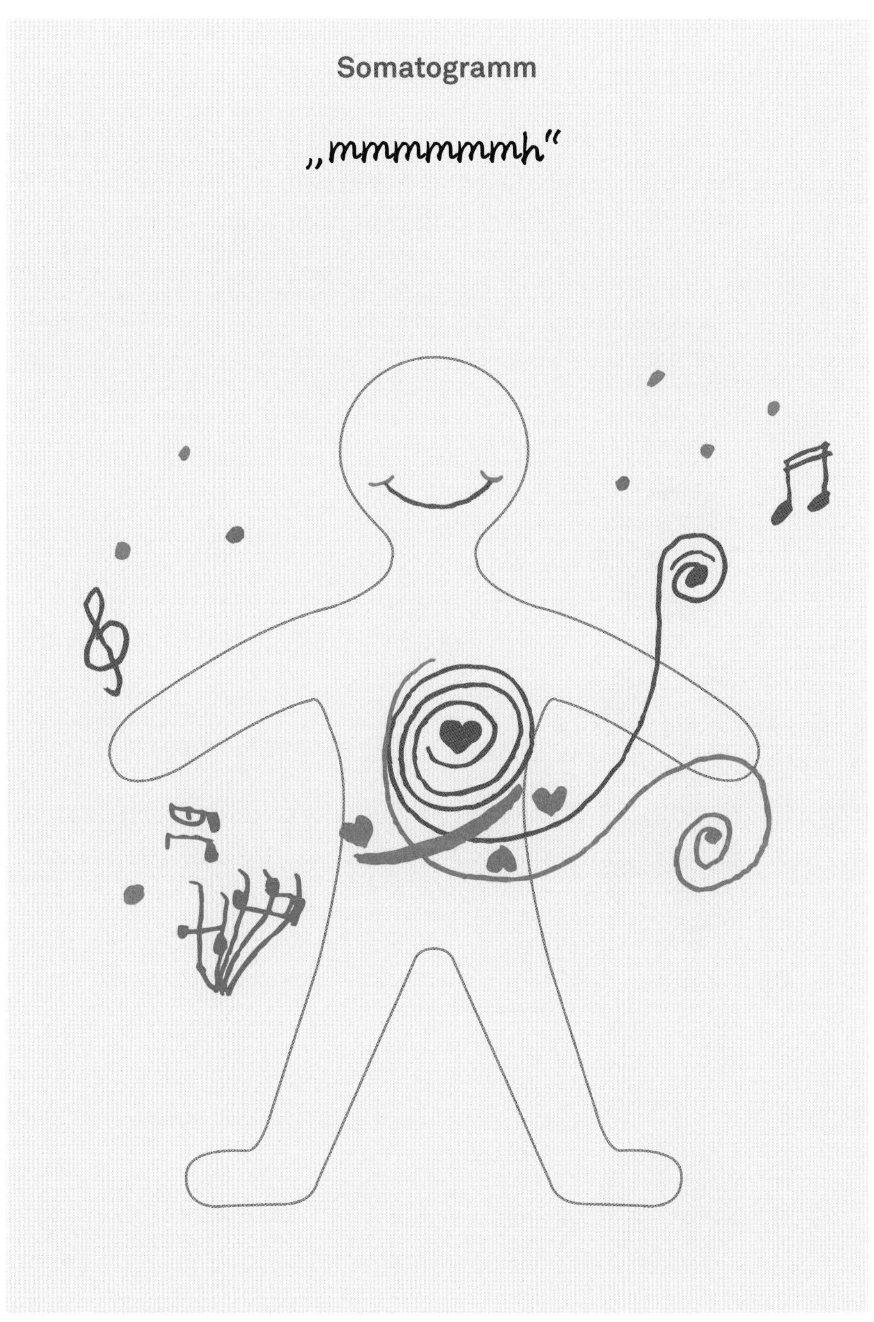
Somatogramm
„mmmmmmh"

Zum Abschluss seien hier noch einmal die einzelnen Schritte von Gabrielas Arbeit zusammengefasst.

Wie man ein schlechtes Gewissen über Bilder und Embodiment bearbeiten kann

Erster Schritt:
Vorhaben in Worte fassen

Zweiter Schritt:
Ein Ressourcenbild suchen

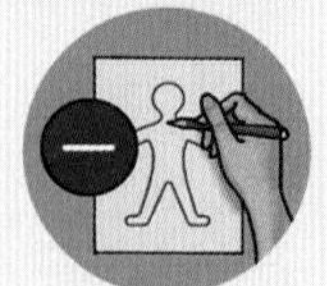

Dritter Schritt:
Ein Somatogramm der problematischen Situation zeichnen

Vierter Schritt:
Ein Embodiment des Ressourcenbildes entwickeln

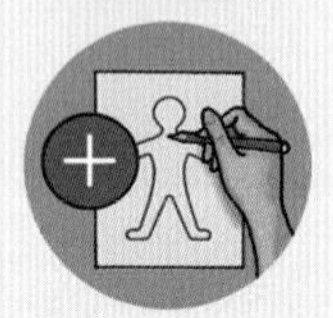

Fünfter Schritt:
Ein Somatogramm des Ressourcen-Embodiment zeichnen

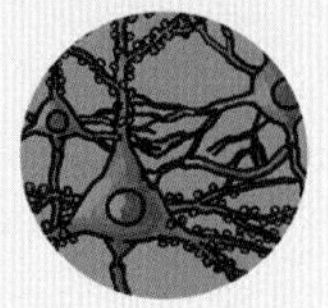

Sechster Schritt:
Ressourcen-Embodiment so oft wie möglich ausführen, um ein neues neuronales Netz anzulegen.

Maja Storch und der Orgeldienst

Nachdem ich nun gezeigt habe, mit welchen Maßnahmen man ein schlechtes Gewissen eliminieren kann, möchte ich die zweite Option besprechen, die ich im ersten Kapitel anhand eines eigenen Beispiels vorgestellt habe. Diese Option beruht darauf, dass man grundsätzlich das schlechte Gewissen nicht komplett zum Schweigen bringen möchte, sondern nach einer Möglichkeit sucht, wie sich die unangenehme Affektlage, die ein SG mit sich bringt, mildern lässt. Oftmals befinden sich Menschen in ihrem normalen Alltag in solchen Situationen, in denen es gar keine befriedigende Lösung wäre, das SG einfach zu verbannen. Auch hier lässt sich gut eingreifen, wenn man weiß, was man mit den limbischen Ebenen anstellen muss, um zu guten Ergebnissen zu kommen.

Zur Erinnerung: In meinem Beispiel ging es darum, dass ich wegen der Corona-Pandemie Probleme damit hatte, meinen weihnachtlichen Orgeldienst zu versehen und mich dadurch zusätzlichen Kontakten auszusetzen. Andererseits war es für mich keine Lösung, meinen Orgeldienst einfach abzusagen, weil ich wusste, dass die Gemeinde um die Weihnachtszeit dann ohne Orgelmusik dagestanden wäre, und diese Vorstellung war für mich ein echtes No-Go.

Gerhard Roth hat in seinem Kapitel darüber geschrieben, dass Motivkonflikte eine ganz prächtige Quelle für schlechtes Gewissen sein können. Das Vertrackte an Motivkonflikten ist, das weiß ich als Psychologin, dass man aus solch einem Dilemma nicht einfach durch das Ignorieren einer Position herauskommen kann. Einfach mein persönliches Schutzbedürfnis ignorieren und den Orgeldienst machen, hätte zu einer extrem unangenehmen Affektlage mit SG mir selber gegenüber geführt. Einfach den Orgeldienst absagen, hätte zu großem SG gegenüber der Gemeinde geführt, weil mein Pflichtgefühl und mein Beziehungsmotiv dadurch verletzt worden wäre. In solch einem Konflikt gibt es tatsächlich mehrere gute Möglichkeiten, in

Zusammenarbeit von Verstand und Unbewusstem einen gangbaren Weg zu finden. Für einige dieser Methoden benötigt man jedoch professionelle Unterstützung. Ich möchte darum in diesem Buch, das ja Hilfe zur Selbsthilfe an die Hand geben soll, eine gut machbare Möglichkeit beschreiben, wie ein Ausweg aus solch einem Motivkonflikt aussehen kann, der einen selbst zufriedenstellt.

Die Affektbilanz

Die Methode, die ich vorstellen möchte, nennen wir im Zürcher Ressourcen Modell die Arbeit mit der Affektbilanz. Affektbilanz? Ein neues Wort. Was hat es damit auf sich? Von der Hirnforschung her wissen wir, dass das Unbewusste nicht über Sprache im Sinn von Worten verfügt. Gerhard Roth hat darüber ausführlich geschrieben. Die Tatsache, dass das Unbewusste keine Worte benutzt, heißt jedoch nicht, dass es nicht kommuniziert. Es kommuniziert schon, nur eben anders als der Verstand. Das Unbewusste kommuniziert über diffuse Gefühle, sogenannte somatische Marker. Der Begriff somatische Marker stammt von dem Hirnforscher Antonio Damasio, den auch Gerhard Roth in seinem Kapitel erwähnt. Er bezeichnet damit Signale, die sich auf affektiver Ebene – also als Gefühl – oder auf somatischer Ebene – also im Körper – äußern können.

Wie sich ein somatischer Marker anfühlt, vergegenwärtigt man sich am einfachsten beim Durchsehen des E-Mail-Postfachs. Achten Sie einmal darauf, was bestimmte Absender-Adressen oder bestimmte Schlüsselworte in der Betreff-Zeile für Gefühle bei Ihnen auslösen. Da steht zum Beispiel im Betreff: „Steuerprüfung". Bei den meisten Menschen taucht bei diesem Wort sofort ein negatives Gefühl auf. Genau das ist ein negativer somatischer Marker.

Wenn die Tochter, der man für die Bewerbung ganz fest die Daumen gedrückt hat, eine E-Mail schickt mit dem Betreff „Job bekommen", dann taucht ebenfalls mit hoher Geschwindigkeit ein somatischer Marker auf, diesmal ein positiver. Somatische Marker sind 200 bis

300 Millisekunden nach dem auslösenden Stimulus wahrnehmbar, das Unbewusste arbeitet in dieser Hinsicht viel schneller als der Verstand.

Wir können über die somatischen Marker die Bewertung des Unbewussten wahrnehmen. Auf diesem Weg wird die Meinung des Unbewussten dem bewussten Verstand zugänglich. Wohlgemerkt: Somatische Marker bewusst wahrzunehmen ist nicht automatisch gleichbedeutend damit, somatischen Markern Folge zu leisten. Momentan kann ich als Psychologin eine ganz seltsame Entwicklung in der Populärpsychologie beobachten, deren Credo lautet: Folge deinem Gefühl, der Bauch hat immer recht, der Weg des Herzens ist der richtige, und was dergleichen Kalendersprüche mehr sind.

Aus wissenschaftlicher Sicht wird hier grober Unfug verzapft, denn es wird unterstellt, dass die limbischen Ebenen des Gehirns schlauer seien als der Verstand. Dem ist natürlich nicht so. Das Unbewusste arbeitet nicht besser als der Verstand, sondern anders. Und wenn ein Mensch einen guten Weg aus einem Motivkonflikt herausfinden möchte, dann sollte er tunlichst darauf achten, sämtliche verfügbaren Ebenen des Gehirns mit ins Boot zu holen. Wissenschaftlich spricht man hier vom Vorgang des Synchronisierens. Es geht also darum, Unbewusstes und Verstand zu koordinieren. Natürlich muss für diesen Vorgang eine Art Dolmetscherhilfe angeboten werden, denn, wie schon des Öfteren deutlich gemacht wurde: Verstand und Unbewusstes kommunizieren verschieden.

Die Entwicklungsarbeit besteht nun also darin, nach einer Möglichkeit zu suchen, die Verstand und Unbewusstes gleichermaßen befriedigt und die das unangenehme SG-Gefühl zwar nicht komplett zum Verschwinden bringt, aber deutlich erträglicher macht. In einem ersten Schritt geht es darum, die Bewertung des Unbewussten zu visualisieren, damit der Verstand eine Chance hat zu verstehen, was im Unbewussten vor sich geht. Für das Zürcher Ressourcen Modell habe ich hierfür eine Darstellungsmöglichkeit entwickelt, die ich Affektbilanz genannt habe. Die Affektbilanz stellt negative und positive Affekte getrennt voneinander auf zwei sogenannten visuellen Analogskalen dar. Positive und negative Affekte optisch zu trennen, macht neurobiologisch Sinn, denn positive und negative Affekte werden in unterschiedlichen Bereichen des Gehirns produziert. Sie können deswegen auch getrennt bearbeitet werden.

Ein Affekt kann in der Intensität variieren. Man stelle sich vor, was für ein negativer Affekt auftaucht, wenn man ein Glas Wasser auf einem weißen Tischtuch verschüttet, und vergleiche ihn mit dem negativen Affekt, der sich einstellt, wenn es sich bei der verschütteten Flüssigkeit nicht um Wasser, sondern um Rotwein handelt. Bei den meisten Menschen dürfte die Intensität des negativen Affektes deutlich den oberen Bereich der Affektbilanz besiedeln, wenn es sich um Rotwein handelt. Ein Glas Wasser ist zwar auch doof, aber nicht so extrem doof wie Rotwein.

Wichtig beim Anfertigen einer Affektbilanz ist die Tatsache, dass mit visuellen Analogskalen gearbeitet wird. Darunter wird eine Skala ohne Einteilung durch Zahlen und Striche verstanden. Ein Thermometer zum Beispiel, an dem man einen exakten Fiebergrad ablesen kann, ist keine visuelle Analogskala. Die Methode mit der visuellen Analogskala wird schon lange in der psychologischen Forschung benutzt, um Gefühle abzubilden. Ich habe diesen Skalentyp nicht erfunden, ich habe ihn lediglich aus den Forschungslabors in die Praxis

Die Affektbilanz

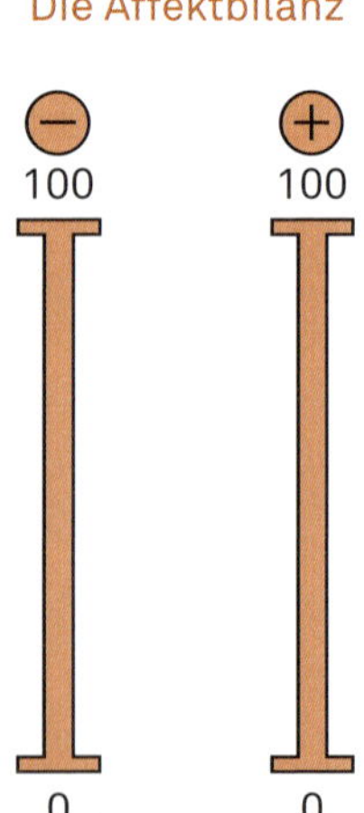

geholt. Warum gelingt es mit solch einer „nackten“ Skala, Affekte abzubilden? Es liegt daran, dass der Verstand sich bei einer solchen Aufgabe ausklinkt.

„Also, das kann man ja gar nicht genau angeben auf so einem Strich, wie stark der Affekt ist“, sagt der Verstand. „Das kann man ja nur Pi mal Daumen schätzen.“ Und mit dieser Erkenntnis übergibt er die Einteilung achselzuckend an das Unbewusste. Die visuelle Analogskala schaltet also Verstandestätigkeit aus und gibt den Weg frei für die Bewertung des Unbewussten. Das ist der Trick bei der Sache.

Die Arbeit mit einem Motivkonflikt, die ich hier vorstellen möchte, beginnt damit, dass man zu den beiden Alternativen, die miteinander konfligieren, je eine Affektbilanz macht. Zuerst habe ich eine Affektbilanz zu der Variante „Orgeldienst machen“ erstellt.

Wie man sieht, gab es deutliche positive Affekte, weil das Orgelspielen Spaß macht, auch wenn die Risikobedingungen den positiven Affekt nach unten drücken. Man sieht aber auch, dass der negative Affekt, die Sorge vor Ansteckung, fast genauso hoch war wie der positive Affekt. In so einem Fall steckt man in einem Patt und ist nicht handlungsfähig.

Orgeldienst machen

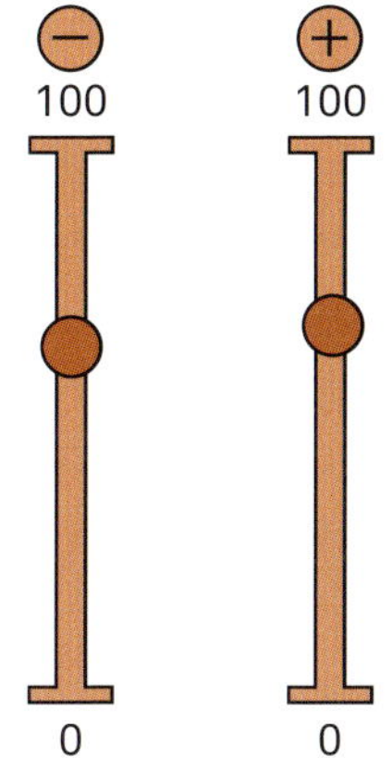

Die zweite Möglichkeit, die sich mir anbot, war, den Orgeldienst abzusagen. Eine Affektbilanz zeigt, was das Unbewusste hiervon hält.

Orgeldienst absagen

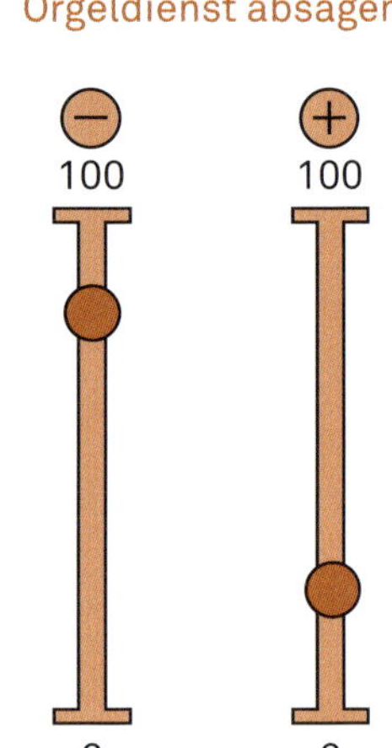

Auf den ersten Blick wird deutlich: Das Unbewusste hält gar nichts von dieser Möglichkeit. Ganz wenig positiver Affekt ist zu verzeichnen, dafür enorm hoher negativer Affekt. Also ist diese Möglichkeit eigentlich nicht umsetzbar ohne ein superschlimmes SG.

Die Möglichkeit, den Orgeldienst durchzuführen, hat jedoch wegen der Ansteckungsgefahr deutlich zu viel negativen Affekt. Was ist zu tun? Bevor ich erkläre, was ich unternommen habe, möchte ich noch einmal zusammenfassen, was die Affektbilanz in so einem Fall von Motivkonflikt bringt. Ihre Stärke liegt in ihrer Dolmetscherfunktion. Der Verstand kann bei Motivkonflikten meistens nur ein großes Gefühlswirrwarr konstatieren. Gefühle sind sowieso nicht seine Spezialität. Und wenn diese zwielichtigen Gesellen auch noch durcheinanderwuseln, dann wendet sich der Verstand mit Grausen ab. Er kann hier keine Hilfe anbieten. Sein Werkzeug besteht aus sauberen Analysen und maßgeschneiderten Plänen. Wenn man aber vor einer Dunstglocke steht, die die klare Sicht versperrt, sind die Werkzeuge des Verstandes wirkungslos, denn sie können nicht zum Einsatz kommen. Der Verstand braucht eine klare

Ansage, und am liebsten ist ihm ein guter Überblick, dann kann er tätig werden. Und genau das bietet die Affektbilanz. Sie greift die somatischen Marker auf und überführt sie in eine ordentliche Darstellung. Das gefällt dem Verstand, damit kann er etwas anfangen. Die Bedeutung der Affektbilanz besteht also in diesem Sinne in ihrer Dolmetscherfunktion. Sie ist die Kommunikationshilfe, die für die Verständigung von Verstand und Unbewusstem sorgt und damit die Wahrscheinlichkeit erhöht, dass die beiden Systeme sich synchronisieren können.

Nachdem nun die zwei Affektbilanzen ein vertieftes Verständnis für die Bewertung des Unbewussten ermöglicht hatten, begann ich mit der Suche nach Milderung. Die Situation war vertrackt, und einfach auslöschen ließ sich in diesem Fall das schlechte Gewissen nicht. Ich habe das übrigens auch gar nicht angestrebt. Das Dilemma war real kompliziert, und ich wollte im Rahmen der Möglichkeiten eine Lösung finden, mit der es mir besser ging als mit den beiden bisher bekannten Optionen.

Den Orgeldienst abzusagen kam eigentlich nicht in Frage, das war deutlich geworden. Blieb die Suche nach einer Möglichkeit, ihn durchzuführen und den negativen Affekt herunterzufahren. Achtung: Bei der Methode, die ich hier beschreibe, sucht man nicht nach einer Lösung, die den negativen Affekt auf null bringt, das ist wichtig! SG soll gelindert werden, es muss nicht komplett verschwinden.

Was für Möglichkeiten gibt es, weniger Angst vor Ansteckung zu haben? Wenn einem selber nichts einfällt, empfehle ich, sich einfach mit ein paar Menschen zu unterhalten, da kommen immer gute Ideen zusammen. Das ist jetzt möglich, weil durch die Analyse mit der Affektbilanz eine klare Frage geäußert werden kann, die auch klare Antworten erlaubt.

Nach einigen Gesprächen schälte sich ein Favorit heraus: Mein Lieblingsvorschlag lautete, dass ich andere Personen von der Empore runter an den Altar komplimentieren könnte. Dies betraf in meinem Fall eine Sängerin, die ich bitten könnte, von unten mit dem Mikrofon zu singen. Dann hatte ich noch ein proben-intensives Programm mit Trompete, das könnte ich abspecken, so dass wir nur Stücke spielen würden, die wir im Repertoire hatten und für die keine zusätzlichen Treffen zum Proben nötig wären. Ich würde dreißig Minuten vor dem Gottesdienst auf die Empore gehen und dort oben auch bleiben, bis die meisten Personen die Kirche wieder verlassen hätten. Außerdem würde ich nicht nach unten in die enge Sakristei gehen, um den Pfarrer zu begrüßen und Absprachen zu treffen, ich würde das alles per E-Mail vorgängig erledigen. Ich würde auch noch den Menschen, an deren Beziehung mir gelegen war, erklären, warum ich ihnen nur von der Empore oben zuwinken und keinen näheren Kontakt und kein Gespräch suchen würde. Es gab also eine Fülle von Einzelmaßnahmen, die in der Summe eine deutliche Verminderung der Kontaktintensität mit sich brächten, so dass mir deutlich wohler war.

Ich würde also den Orgeldienst übernehmen, allerdings in einer abgespeckten Variante. Nach diesen Überlegungen machte ich für diese Variante eine Affektbilanz, die sich zufriedenstellend verändert hatte.

Der negative Affekt war deutlich gesunken, und das gesunkene Risiko hatte sogar noch die Freude in Form des positiven Affektes nach oben gebracht. Mit dieser Affektbilanz war mein Ansteckungsrisiko-SG zwar nicht weg, aber es war in einem Bereich gelandet, mit dem ich handlungsfähig war und mit dem ich gut leben konnte.

Orgeldienst abgespeckt

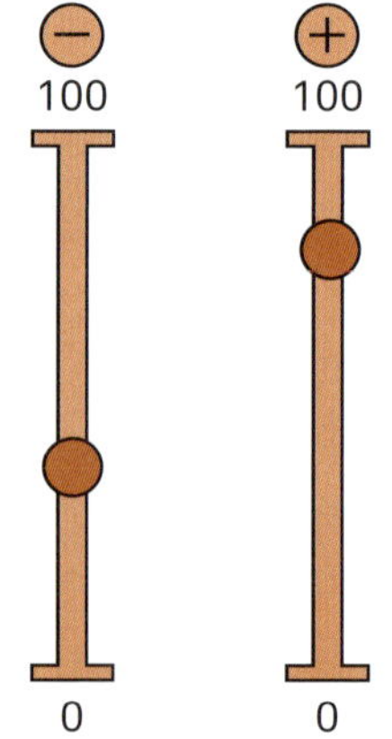

„Mein Gott, was macht die Frau für ein Aufhebens wegen solch einer Lappalie“, mag manch einer einwenden. Darauf ist zweierlei zu erwidern: Erstens geht diese Arbeit mit der Affektbilanz bei Menschen, die gewöhnt sind, damit zu arbeiten, natürlich ruckzuck. Zwei senkrechte Striche gezeichnet, Affekt eintragen, fertig. Wenn man es jedoch in Worte fasst und erklärt, wird alles viel umständlicher, als es in der Durchführung tatsächlich ist. Und je öfter man sich dieser Methode bedient, umso flotter geht alles vonstatten.

Zweitens lohnt es sich auf jeden Fall immer und unter allen Umständen, Motivkonflikte zu mildern. Zumindest lohnt es sich zu explorieren, ob eine Linderung möglich ist. Warum plädiere ich so dringend für diesen Aufwand? Das Bearbeiten von Motivkonflikten vermindert innerpsychischen Stress und trägt zur Synchronisierung von Verstand und limbischen Ebenen bei. In einem Motivkonflikt zu stecken, fühlt sich nicht nur doof an, es bedeutet auch neurobiologisch ganz konkret eine schlechte körperliche Verfassung, bei der das Stresshormon Cortisol ausgeschüttet wird. Menschen, die ihren Alltag überwiegend mit vielen Motivkonflikten, mit Hängen und Würgen, mit Selbstdisziplin und Überwindung, sich am Riemen reißend und mit Ignorieren der eigenen Verfassung über die Bühne bringen, leben auf Dauer ganz konkret gesundheitsgefährdend. Abgesehen davon sind sie meist schlecht gelaunt, haben eine griesgrämige Ausstrahlung und führen ein freudloses Dasein.

Mit diesem Aufruf zum pfleglichen Umgang mit Motivkonflikten will ich nicht einer allgemeinen Verzärtelung das Wort reden, damit man mich da richtig versteht. Schon kleine Kinder müssen lernen, dass man sich auch mal am Riemen reißen kann, dass ohne viel Einsatz und Arbeit auf Dauer keine Erfolge zu erzielen sind und dass man im Leben auch Durststrecken zu erwarten hat, die man aushalten muss. Aber die Kinder sollten genauso lernen, dass man auch in der schlimmsten Situation immer nach einer Möglichkeit suchen kann, sich das Leben ein wenig angenehmer zu gestalten und die Situation vielleicht ein kleines bisschen zu entschärfen. Und wenn der negative Affekt auf der Affektbilanz nur um wenige Millimeter nach unten geht, so bedeutet das neurobiologisch ganz konkret weniger Stress, und das ist prima.

Ich hoffe, ich konnte mit meinem eigenen Beispiel vom Orgeldienst zeigen, dass es sich lohnt, bei einem Motivkonflikt nach Linderung zu suchen. Das Leben wird dadurch angenehmer, glauben Sie mir, auch wenn es sich scheinbar um Lappalien handelt.

Als Quintessenz aus diesem Kapitel möchte ich Ihnen gern einen Merksatz mitgeben:

> Kein SG ist zu läppisch, als dass es sich nicht lohnen würde, nach Linderung zu suchen.

Weniger SG bedeutet weniger unnötige Mengen an Cortisol, und weniger unnötiges Cortisol bedeutet bessere Gesundheit, körperlich und psychisch. Mit diesem Merksatz im Ohr können wir uns dem dritten Fallbeispiel widmen und schauen, wie es Josef mit seinem Herzinfarkt ergangen ist.

Josef und der Herzinfarkt

Die dritte Option für den Umgang mit einem schlechten Gewissen besteht darin, das schlechte Gewissen als Alarmsignal zu verstehen und entsprechende Änderungen im eigenen Leben vorzunehmen. Man hat ein SG, weil man immer noch nicht die Quittungen für die Steuererklärung sortiert hat? Beste Maßnahme: Man sortiert die Quittungen. Man hat ein SG, weil man die Bürokollegin angeblafft hat, als sie wegen einer dringenden Sache in das Büro geplatzt ist? Beste Maßnahme: Man entschuldigt sich bei der Bürokollegin. Man hat ein schlechtes Gewissen, weil man die Autoinspektion schon um 2.000 Kilometer überzogen hat? Beste Maßnahme: Man meldet sich bei der Werkstatt an.

Zwei Gesichtspunkte gibt es, anhand derer Option 3, das richtungsändernde Handeln, glasklar erkannt werden kann.

Gesichtspunkt 1:
Kann ich durch konkretes Handeln etwas an dem Grund für mein SG ändern? Lässt sich zum Beispiel die notorische Unzufriedenheit von Gabrielas Schwester durch das Opfern von mehr Wochenenden eindämmen? Lautet die Antwort „Ja“, sollte man etwas in diese Richtung unternehmen und sich Richtung Option 3 bewegen. Lautet die Antwort „Nein“, wie das bei Gabriela der Fall war, dann greift die Technik mit der Bilderwahl, die letztlich ein Selbstmanagement darstellt.

Gesichtspunkt 2:
Stecke ich in einem Motivkonflikt, und kann ich mein SG durch bestimmte Maßnahmen mildern? Lautet die Antwort „Ja“, dann greift man zur Arbeit mit der Affektbilanz. Lautet die Antwort „Nein“, dann bewegt man sich in Richtung Option 3 und gibt dem eigenen Handeln eine neue Richtung.

„Aber Moment!“, möchte vielleicht jemand einwenden, „das ist einfacher gesagt als getan! Wenn das so einfach wäre, das Rauchen zu reduzieren oder ganz damit aufzuhören, hätte ich das schon längst getan. Das ist ja gerade das Problem, dass das nicht auf Knopfdruck funktioniert!“ Gut beobachtet, kann ich da nur sagen. Wir haben es in diesem Fall mit der großen psychologischen Thematik der Selbstmotivierung zu tun. Sich bei der Kollegin zu entschuldigen und zu Kreuze zu kriechen? Keine Lust. Den schönen Sonntag über den Quittungen für das Finanzamt zu verbringen? Schon zweimal keine Lust. Mit dem Rauchen aufzuhören? Haha, da kann man ja nur lachen, rauchen macht Spaß und hat außerdem eine körperliche Abhängigkeitskomponente.

Ohne Fachwissen über Selbstmotivierung schafft man das nicht. Ich werde Ihnen jetzt im folgenden Text einen neuen Zieltyp vorstellen, die Motto-Ziele, mit denen Selbstmotivierung gelingen kann. Wer das selber einmal für sich anhand eines bestimmten Themas selbst ausprobieren möchte, der kann auf der Website www.zrm.ch zum Link Online-Tool gehen. Da kann man sich kostenfrei und ohne Registrierungspflicht ein eigenes Motto-Ziel bauen, um einmal die Wirkung eines solchen Ziels am eigenen Leib zu erleben.

Das Motto-Ziel

Was ist ein Motto-Ziel? Es handelt sich hierbei um ein Ziel, das in der Lage ist, das Unbewusste zu erreichen, indem es eine bildhafte Sprache benutzt. Es funktioniert so ähnlich wie Poesie. Mit Poesie wird ja auch durch Worte ein Bild gemalt. Einer meiner Lieblingskrimi-Autoren, Jörg Maurer, macht sich in jedem Band ein diebisches Vergnügen daraus, für seine Szenerien absurde und extrem kitschige Sprachbilder für Wetterlagen, Mond oder Sonne zu erfinden. Ich gönne den Lesenden ein paar Kostproben aus seinem Krimi „Am Tatort bleibt man ungern liegen“[1].

1 Jörg Maurer: *Am Tatort bleibt man ungern liegen.* S. Fischer Verlag GmbH, Frankfurt am Main. Mit freundlicher Genehmigung.

„Die Bergwände raschelten wie feines Silberpapier, die Sonne räkelte sich genießerisch über der schroffen Runserkopfspitze. Der Himmel war so verlockend blau wie Großmutters feine Heidelbeermarmelade.“ (S. 7)

„Der Mond stand am Himmel wie ein blasses Hühnerei, das eine Riesenhenne in ein blauschwarzes Nest gelegt hatte.“ (S. 109)

„Der Mond hing am Horizont wie eine halbe Zitronenscheibe, bei der nur noch das Wiener Schnitzel fehlte.“ (S. 171)

„Dunkle Wolken zogen auf, alles deutete auf Sturm hin. Donar und seine sämtlichen nordischen Götterkollegen hatten ein übles Süppchen vor der Westküste Norwegens angerührt.“ (S. 197)

„Die Morgensonne stand am Himmel wie der abgerissene Kopf eines hitzköpfigen Engels.“ (S. 211)

„Das Polizeiauto glitt durch den heißen Vormittag wie ein Kuchenmesser durch die klebrige Buttercremetorte.“ (S. 286)

„Ein hauchdünnes Mondsichelchen zitterte sich scheu durch den kaum bewölkten Himmel.“ (S. 308)

Warum gelingt es Jörg Maurer so herrlich, sofort einen lebhaften Eindruck von der Szenerie zu vermitteln, die er beschreiben will? Weil er mit Worten Bilder malt. Er bedient sich zwar der verbalen Sprache, die eigentlich die Domäne des Verstandes ist, aber er besetzt mit den Worten die USB-Schnittstelle zwischen Verstand und Unbewusstem: die Bilder. Erinnern wir uns: Gabriela hatte mit einem fotografierten Bild gearbeitet, ein Bild ihres Hundes Theodor. Jörg Maurer – und außer ihm natürlich alle Autorinnen und Autoren – arbeiten mit Sprachbildern. Auch die Sprachbilder haben eine Nähe zum Unbewussten, die man nutzen kann. Die Methode der Motto-Ziele bedient sich dieser Variante. Sie malt Bilder mit Worten. Wie hat man sich das vorzustellen?

Kürzlich hielt ich einen Vortrag für einer Gruppe von Führungskräften zum Thema „Motivation“. Vor mir sprach ein Mann, der seinerzeit Mitglied in Barack Obamas Wahlkampfteam war. Er erzählt davon, wie Barack Obamas Team den Slogan „Yes we can!“ entwickelt hat. Diesen Slogan kennt jeder, nicht wahr? Zum Vergleich: Kennt jemand noch den Slogan von Hillary Clinton, der Konkurrentin Obamas 2008 um die Präsidentschaftskandidatur der Demokratischen Partei? Niemand im ganzen Auditorium konnte sich an den Slogan von Hillary Clinton erinnern. Der Vortragende teilte uns denselben auf Nachfrage zwar mit, aber nach fünf Minuten hatten wir ihn alle schon wieder vergessen. Auch heute habe ich keinerlei spontane Erinnerung an ihren Slogan, ich müsste erst im Internet recherchieren. Den Slogan „America first“ von Donald Trump dürfte auch jedes Kind kennen, dies sei der Vollständigkeit halber erwähnt, obwohl meine Sympathien nicht unbedingt bei Donald Trump liegen.

Für mich war an diesem Vortrag das Spannende, wie mein Vorredner immer wieder betonte, dass ein guter Wahlkampfslogan Gefühle erzeugen müsse, um motivierend zu wirken. In den Worten der Neurobiologie: Die limbischen Ebenen können mit dem durch den Slogan vermittelten Bild etwas anfangen und körperliches Erleben daraus entwickeln. Sie können das am Beispiel von „Yes we can!“ unmittelbar nachvollziehen. Dieser Slogan bringt ein allgemeines optimistisches Embodiment mit sich, gepaart mit Selbstvertrauen und Handlungsbereitschaft. Eine gelungene Arbeit. Immer, wenn der Slogan zu „kopflastig“ sei, so erklärte mein Vorredner, entfalte er keine mobilisierende Kraft.

Ich hatte mich bis zu diesem Zeitpunkt noch nie mit Wahlkampfmanagement befasst, und ich nehme an, mein Vorredner hatte sich bisher auch nicht weiter um Neurobiologie gekümmert. Aber wir sprachen beide vom selben Phänomen: von der starken Wirkung, die vom limbischen System ausgeht, wenn es gelungen ist, dort eine Information so zu platzieren, dass sie gut bebildert und verkörpert werden kann.

Der einzige Unterschied zwischen einem Wahlkampfslogan und einem Motto-Ziel besteht darin, dass der Wahlkampfslogan einerseits möglichst viele Menschen erreichen soll und ein Motto-Ziel andererseits auf einen einzigen Menschen maßgeschneidert ist. Das Wirkungsprinzip ist aus neurobiologischer Sicht in beiden Fällen identisch. Ohne die Beteiligung der limbischen Ebenen gibt es keinen mobilisierenden Schwung, das ist Fakt.

Weil ein Motto-Ziel sozusagen eine Maßanfertigung ist, ist entscheidend, dass in solch einem Spruch der Bezug zum Ich auftaucht. Ein Motto-Ziel sollte also idealerweise folgende Form haben:

Ich … Verb … Inhalt

Ich gebe ein paar Beispiele, um ein Gefühl für gute und wirksame Motto-Ziele zu vermitteln:

Nach dieser Einführung in die Motto-Ziele können wir schauen, wie ein Motto-Ziel konkret in der Praxis helfen kann. Josef hatte den festen Plan, mit dem Rauchen aufzuhören, er wollte sein diesbezügliches SG nun endlich in Handlung umsetzen und nicht länger ignorieren. Solange er in der Klinik und Reha war, kam er mit seinem Vorsatz gut über die Runden. Das liegt daran, dass in der neuen Umgebung keine alten Automatismen aufgebaut waren, die ihn in Bruchteilen von Sekunden in den Rauchmodus versetzten. Er sah jedoch völlig richtig voraus, dass er zu kämpfen haben würde, wenn er erst wieder daheim sein würde. Darum hatten wir einen regen Austausch über E-Mail.

Zwei Themen beschäftigten ihn:

- **Thema 1**
  Josef hatte noch keine Nichtraucheridentität. In der Klinik und in der Reha, umgeben von medizinischem Fachpersonal, wurde er von allen gelobt für seine Rauchabstinenz. Außerdem fand er dort auch viele Leidensgenossen vor, mit denen er sich über das Nichtrauchen austauschen konnte. Nach Hause zurückgekehrt gab es natürlich seine Frau, die sich extrem auf ihren Nichtraucher-Mann freute. Am Arbeitsplatz jedoch war er in einer festen Rauchergruppe, und auch auf seinem Balkon war er von vielen anderen Balkonen umgeben, auf denen sich die Raucherinnen und Raucher jeweils zuwinkten und teilweise ein Balkon-Zuruf-Schwätzchen hielten. Und da sollte er jetzt auf einmal als Gesundheitsapostel auftreten, der auf die andere Seite gewechselt ist? Schwierig, schwierig.

- **Thema 2**
  Josef hatte keinen Plan, was er unternehmen sollte, wenn ihn in der gewohnten Umgebung seine alten Rauchroutinen einholten. Was tat er, wenn das Verlangen nach einer Zigi so stark wurde, dass sein Vorsatz dem nicht standhielt?

Für beide Themen leistet ein Motto-Ziel Großartiges. Durch ein Motto-Ziel werden Verstand und Unbewusstes synchronisiert. Mit anderen Worten: Das Unbewusste wird mit ins Boot geholt. Dieser Vorgang ist besonders wichtig, wenn die Richtungsänderung, die durch das schlechte Gewissen vorgeschlagen wird, dazu führt, dass man in gewisser Hinsicht ein anderer Mensch wird. Ein Raucher, der nicht mehr raucht. Eine pflichtbewusste Kindergärtnerin, die auf einmal nicht mehr immer für andere einspringt. Ein militanter Couch-Potato, der sich einer Walking-Gruppe anschließt. Ein schüchterner Mensch, der sich für die Büttenrede an Fasnacht meldet. Immer dann, wenn irgendjemand fragen könnte: „Was ist denn in dich gefahren, du warst doch sonst immer so …", dann haben wir es mit einer Veränderung der Identität zu tun, die koordiniert sein will. Wenn wir auf die Begrifflichkeit des Wahlkampfmanagers von Barack Obama zurückkommen: Man sollte jetzt einen motivierenden Slogan in eigener Sache entwickeln.

Josef konnte ich dabei helfen, und diesen Vorgang beschreibe ich im Folgenden. Wie ich schon erwähnt habe, können aber auch mit dem Online-Tool auf der ZRM-Homepage auf eigene Faust gute Erfolge erzielt werden. Vorliegende wissenschaftliche Studien dazu können das bestätigen.

„Was wird denn für dich die schwierigste Situation sein, wenn du nach Hause kommst?", frage ich Josef.

„Ganz klar der Balkon. Da gehe ich raus, wenn es mir in der Familie zu turbulent ist. Von dort begrüße ich morgens den Tag mit einer Tasse Kaffee in der Hand, und dort sitze ich abends mit einem Bier oder einem Rotwein und schaue der Sonne beim Untergehen zu. Meistens steht einer von den Nachbarn auch gerade auf dem Balkon, dann kann man zwanglos quatschen. Der Balkon erfüllt viele Funktionen. Und der offizielle Grund, ihn zu betreten, ist eben die Zigi. Ich sage dann immer ‚Ich gehe mal inhalieren', dann wissen alle, dass ich jetzt kurz verschwinde."

Man merkt deutlich, dass der Balkon für Josef zahlreiche Funktionen erfüllt, nämlich als Rückzugsort, als meditative Basis und als sozialer Treffpunkt zu dienen. Deswegen wäre es völlig abwegig, ihm die Balkonbesuche auszureden, sein Leben wäre weniger lebenswert. Was man jedoch mit einem Motto-Ziel ändern kann, ist die Verknüpfung von Balkon und Zigi. Dort setzte ich an.

Wie kündigt Josef seine Balkon-Besuche der Familie an? „Ich gehe mal inhalieren." Das ist doch schon eine richtig gute Basis für ein Motto-Ziel. Das Wort „inhalieren" lässt sich sofort in ein Embodiment überführen. Es ändert sich auf der Stelle die Atmung. So eine gute und klare Anweisung braucht das Unbewusste für die Umsetzung. Nur wurde bisher ja Nikotin inhaliert, das soll beendet werden. Was gibt es für Alternativen?

„Wie wäre es denn mit: Ich inhaliere frische Luft? Oder: Ich atme frei? Irgendwie musst du in deinem Motto-Ziel etwas anderes inhalieren als Nikotin. Wenn es uns gelingt, ein schönes Bild mit einem attraktiven Wort zu finden, dann kannst du das mit einem Embodiment verbinden und jedes Mal aktivieren, wenn dich die Lust auf eine Zigarette überkommt."

Wir schicken eine Weile E-Mails hin und her mit verschiedenen Varianten, bis sich ein Favorit herauskristallisiert:

Das ist Josefs Motto-Ziel.

„Das ist ein herrlicher Satz, der passt wunderbar für mich. Als ich auf der Intensivstation lag, habe ich überdeutlich gespürt, dass ich jetzt noch nicht sterben möchte. Das ist so ein Blödsinn, wegen dieser idiotischen Glimmstängel mit meinem kostbaren Leben zu spielen. Und die Vorstellung, Leben in meine Lungen ganz tief hinein zu atmen, das entschädigt auf der Stelle für viel Verzicht!"

In der Tat, ich kann Josefs Erleben sehr gut nachvollziehen. Der Vollständigkeit halber und um sicherzustellen, dass die limbischen Ebenen wirklich ganz genau verstehen, was sie zu tun haben, arbeiten wir noch den körperlichen Aspekt von „Ich inhaliere Leben" aus.

Zunächst klären wir das Embodiment der Zigi mit dem schlechten Gewissen. „Das ist ganz ulkig, am besten beschreibt man das mit dem Wort ‚verstohlen' oder auch ‚hastig'. Weil ich ja ein SG hatte, habe ich die Zigi gar nicht richtig genossen. Ich habe sie eher mit eingefallenem Brustkorb geraucht, wenn ich mich zurückerinnere. Gemütlich inhaliert habe ich sie sicher nicht."

Und was ändert sich an der Körperhaltung mit dem Motto-Ziel „Ich inhaliere Leben"?

„Das ist ganz klar die Aufrichtung, die sich ändert. Ich stehe da, werde groß, und mein Brustkorb wird ganz offen und weit, ich atme bis weit hinunter in den Bauchraum. Und ich freue mich, dass ich lebe, und bin Gott dankbar für diesen geschenkten Augenblick."

Mit dieser Entwicklungsarbeit hat Josef sich in gewisser Hinsicht selbst neu geboren. Er hat eine neue Identität, nämlich die eines Mannes, dem Leben geschenkt wurde. Und er hat ein ganz hervorragendes Embodiment, das er einsetzen kann, wenn ihn die Rauchlust überkommt. Das Schöne an dieser direkten Arbeit mit den limbischen Ebenen ist die Tatsache, dass man dazu gar keine großen Verrenkungen mit dem Verstand mehr machen muss, wenn das Motto-Ziel einmal entwickelt wurde. Es wirkt ohne Umschweife. Gekrümmte, hastige Rauchlust? Josef setzt sein neu geschenktes Leben dagegen und richtet sich auf.

Am Ende der Geschichte von Josef ist es mir wichtig zu betonen, dass Josef natürlich Tag für Tag noch viele kleine Kämpfe mit der Zigi-Lust ausfechten muss. Es soll bitte nicht der Eindruck entstehen, als wäre ein Motto-Ziel ein Wundermittel, das im Handumdrehen alle Süchte vom Tisch wischt. Aber der gezielte Dialog mit dem Unbewussten löst zwei wichtige Hauptprobleme, die oftmals zu Rückfällen führen. Gelöst werden die Identitätsfrage und die Frage, was man der alten Rauchroutine entgegensetzen kann. Der Weg zum Nichtrauchergipfel ist steil, hart und steinig. Aber mit einem Motto-Ziel im Rucksack hat man schon einmal reichlich Proviant für die Wanderung.

Epilog

Liebe Leserin, lieber Leser,

Zum Abschluss unserer Reise möchten wir noch einmal in Erinnerung rufen, was die Ausgangslage für diese Unternehmung war: Wir haben uns die Frage gestellt, wieso das schlechte Gewissen so überaus resistent gegen psychologische Maßnahmen ist. Die Antwort lautet summa summarum: Das schlechte Gewissen ist eine komplexe Angelegenheit, die psychologisch verschiedene Interventionen erfordert und sich neurobiologisch aus zahlreichen Komponenten zusammensetzt. Diese Komplexität ist schon einmal für sich allein genommen nicht auf Anhieb zu durchschauen. Erschwerend kommt für die Praxis hinzu, dass man an unbewusste Bereiche des psychischen Systems andocken muss, um Änderungen zu erreichen. Hierzu benötigt man ganz bestimmte Methoden, mit Verstandeseinsicht alleine ist hier kein Blumentopf zu gewinnen. Die Kombination aus Komplexität und der Erfordernis, mit dem Unbewussten umzugehen, erzeugt eine Mischung, die gründliches Verständnis erfordert.

Angesichts der vielschichten Sachlage möchten wir zum Abschluss der Lektüre noch einen Kurzüberblick als Orientierungshilfe anbieten. Wann immer Sie das Gefühl haben, mit Ihrem schlechten Gewissen zu sehr verstrickt zu sein, schauen Sie sich den Kurzüberblick an: Der müsste dann eigentlich gute Ideen liefern, wie Sie weiter verfahren wollen.

Wir wünschen Ihnen alles Gute und viel Erfolg im Umgang mit Ihrem schlechten Gewissen!

Zürich und Bremen, Herbst 2021

Maja Storch und Gerhard Roth

Kurzüberblick zum schlechten Gewissen

Psychologie

- SG zum Schweigen bringen
- SG mildern
- SG aufgreifen und als Leitlinie verwenden

Neurobiologie

- Die Zeitachse:
  Früher gemachte Erfahrungen sind schwerer zu ändern als später gemachte.
- Die vier Ebenen der Persönlichkeit:
  Das Unbewusste regiert uns stärker als das Bewusste.
- Die sechs psychoneuralen Grundsysteme:
  Auf Stressbewältigung, Bindung und das Erkennen der eigenen Motive und Ziele kommt es an.

Praxis

- Embodiment einsetzen, um eine Alternative zum SG-Erleben aufzubauen
- Affektbilanz verwenden, um Motivkonflikte zu lindern
- Motto-Ziele entwickeln, um Selbstmotivierung angesichts von schwierigen Aufgaben aufzubauen

Literatur

DAMASIO, A.R. (1994). *Descartes' Irrtum. Fühlen, Denken und das menschliche Gehirn.* München: List.

DAMASIO, A. R (2000). *Ich fühle, also bin ich. Die Entschlüsselung des Bewusstseins.* München: List.

DICKE, U. (2020). Die funktionelle Neuroanatomie des limbischen Systems. In: G. Roth, A. Heinz & H. Walter (Hrsg.), *Psychoneurowissenschaften* (S.16–62). Heidelberg: Springer Spektrum.

FREUD, S. (2000). Das Ich und das Es. In: S. Freud, *Studienausgabe* (Bd. III). Frankfurt am Main: S. Fischer.

GRAWE, K. (2004). *Neuropsychotherapie.* Göttingen: Hogrefe.

KANT, I. (1969). *Metaphysik der Sitten. Werke* (Bd. 6). Berlin: Akademie-Ausgabe.

LEDOUX, J. E. (1998). Das Netz der Gefühle. Wie Emotionen entstehen. München: Hanser.

MAURER, J. (2020). *Am Tatort bleibt man ungern liegen.* Frankfurt am Main: S. Fischer.

MYERS, D. (2014). *Psychologie.* Berlin, Heidelberg: Springer.

NEYER, F. J. & Asendorpf, J. (2018). *Psychologie der Persönlichkeit.* Berlin, Heidelberg: Springer.

ROTH, G. (2019). *Warum es so schwierig ist, sich und andere zu ändern.* Stuttgart: Klett-Cotta.

ROTH, G. (2021). *Über den Menschen.* Berlin: Suhrkamp.

ROTH, G. & Strüber, N. (2019). *Wie das Gehirn die Seele macht.* Stuttgart: Klett-Cotta.

SCHULTZ, W. (2007). Multiple dopamine functions at different time courses. *The Annual Review of Neuroscience, 30,* 259–288.

STRÜBER, N. (2016). *Die erste Bindung: Wie Eltern die Entwicklung des kindlichen Gehirns prägen.* Stuttgart: Klett-Cotta.

STRÜBER, N. (2019). *Risiko Kindheit: Die Entwicklung des Gehirns verstehen und Resilienz fördern.* Stuttgart: Klett-Cotta.

Vertiefende Literaturtipps von Maja Storch

Ressourcen aktivieren mit dem Unbewussten

Diese Bildkartei dient als Vorlage für die Bildung von Motto-Zielen. Wenn jemand gerne mehr Bilder haben möchte, als im Online-Tool angeboten werden, kann es sinnvoll sein, sich diese Kartei anzuschaffen.

KRAUSE, F. & STORCH, M. (2018). *Ressourcen aktivieren mit dem Unbewussten.* Manual und ZRM-Bildkartei. Bern: Hogrefe.

Selbstmanagement – ressourcenorientiert

Dieses Buch ist der Klassiker für das Eintauchen in das Zürcher Ressourcen Modell ZRM. Es finden sich darin viele vertiefende Texte mit wissenschaftlichen Literaturangaben.

STORCH, M. & KRAUSE, F. (2017). *Selbstmanagement – ressourcenorientiert* (6. Aufl.). Bern: Hogrefe.

Machen Sie doch, was Sie wollen!

„Das Strudelwurm-Buch liest sich so, wie man Vanillepudding löffelt", hat eine Leserin einmal treffend beschrieben. Die Thematik der somatischen Marker, des Umgangs mit Entscheidungskonflikten und eines zufriedenen Lebens wird anhand der liebenswerten didaktischen Metapher vom Strudelwurm erklärt. Gibt es auch als Hörbuch.

Storch, M. (2018). *Machen Sie doch, was Sie wollen! Wie ein Strudelwurm den Weg zu Zufriedenheit und Freiheit zeigt.* Bern: Hogrefe.

Rauchpause

Wer sich mit dem Gedanken trägt, schlechte Angewohnheiten, die zu Recht ein schlechtes Gewissen verursachen, aus dem Alltag zu verbannen, kann mit diesem Buch arbeiten. Es ist zwar auf das Thema Rauchen hin geschrieben, eignet sich aber für sämtliche überflüssigen Süchte aller Art.

Storch, M. (2015). *Rauchpause: Wie das Unbewusste dabei hilft, das Rauchen zu vergessen.* Bern: Hogrefe.

Vertiefende Literaturtipps von Gerhard Roth

Wie das Gehirn die Seele macht

Das Buch liefert eine ausführliche und verständliche Darstellung der parallelen Entwicklung und Wechselwirkung von Gehirn und Psyche.

Roth, G. & Strüber, N. (2019). *Wie das Gehirn die Seele macht*. Stuttgart: Klett-Cotta.

Warum es so schwierig ist, sich und andere zu ändern

Hier geht es um die neurobiologischen Grundlagen der Persönlichkeit und die Möglichkeiten und Grenzen, sie zu ändern.

Roth, G. (2019). *Warum es so schwierig ist, sich und andere zu ändern*. Stuttgart: Klett-Cotta.

Über den Menschen

Hier erfährt der Leser, in welcher Hinsicht sich unser Menschenbild durch die Erkenntnisse der Neurowissenschaften ändern muss.

Roth, G. (2021). *Über den Menschen.* Berlin: Suhrkamp.

Über die Autorin und den Autor

Dr. Maja Storch wurde 1958 geboren. Die Diplom-Psychologin und Psychoanalytikerin ist Inhaberin und wissenschaftliche Leiterin des Instituts für Selbstmanagement und Motivation Zürich (ISMZ), einem Spin-off der Universität Zürich.

Zusammen mit Dr. Frank Krause hat sie das Zürcher Ressourcen Modell ZRM entwickelt, ein wissenschaftlich fundiertes Selbstmanagement-Training. Ihre Arbeitsschwerpunkte sind Motivation, Persönlichkeitsentwicklung, Selbstmanagement, Ressourcenaktivierung, Training und Coaching.

Sie ist C-Kirchenmusikerin und Organistin und versieht regelmässig Orgeldienst in ihrer Kirchengemeinde.

Zu ihren Themen hat sie zahlreiche wissenschaftliche und populärwissenschaftliche Publikationen verfasst. Sie ist Herausgeberin der ZRM-Bibliothek im Hogrefe Verlag.

Prof. Dr. Dr. Gerhard Roth wurde 1942 in Marburg an der Lahn geboren. Er studierte Philosophie, Germanistik und Musikwissenschaft und promovierte 1969 zum Dr. phil. in Philosophie. Anschließend studierte er Biologie und promovierte 1974 zum Dr. rer. nat. in Zoologie.

Seit 1976 ist er Professor für Verhaltensphysiologie und Entwicklungsneurobiologie an der Universität Bremen. Er war bis 2008 Direktor am dortigen Institut für Hirnforschung, 1997–2008 Gründungsrektor des Hanse-Wissenschaftskollegs und 2003–2011 Präsident der Studienstiftung des deutschen Volkes. Gegenwärtig ist er Direktor des Roth-Instituts Bremen und des Roth-Instituts Schweiz.

Er ist Träger des Bundesverdienstkreuzes 1. Klasse und des Niedersächsischen Verdienstordens.

Er publizierte bisher rund 220 fachliche Veröffentlichungen und Bücher, darunter „Coaching, Beratung und Gehirn“ (2016), „Warum es so schwierig ist, sich und andere zu ändern“ (2019), „Wie das Gehirn die Seele macht“ (2019) und „Über den Menschen“ (2021).